跑步時需要

U0059073

意志鍛鍊

呼吸調整

運動精神

身心平衡

更需要強大的
心理

林路 —— 著

ENJOY
RUNNING

每一步
都是內在的自我覺醒！

在每一次跑步中，你是否聆聽了內心的聲音？探索跑步，
不僅是肉體的鍛煉，更是身心靈的平衡，
超越身體的極限，發現生命中未知的可能。
讓你的每一步，都成為自我發現的旅程！

目錄

前言　換一種方式修行

「我寫小說的許多方法，是每天清晨沿著道路跑步時學到的，是自然地，切身地，以及實際地學到的。我想把這二十五年來一面在路上奔跑，一面片段式地思考的東西集結成書。」這是村上春樹在《當我談跑步時我談些什麼》中說的。

當一個人選擇以跑步作為健身方式的時候，會忽然發現，跑步這件事情已經遠遠超越了運動範疇。跑步猶如一個容器，除了滿足個人基本的健身需要之外，它還是一種純粹而淡然的生活方式，一種自由而積極的修行方式。它是一種文化，一種精神，一門哲學。

跑步可以健身，可以減肥，透過它可以得到健康，可以緩解壓力，這是很多初試跑步者選擇它的原因。尤其對於很多稍感肥胖的女性而言，跑步可以使她瘦身、自主、自愛、活躍、時尚、自信，甚至會有點性感。不過遺憾的是，在運動和節食、吃藥之間，大多數女性朋友選擇了後兩者。

在電影《阿甘正傳》中，有這樣一句話：「生活就像一盒巧克力，你永遠不知道下一顆是什麼味道。」阿甘一路跑來，跑出了一段美國發展和進步的歷史，也印證了屬於他自

己的人生哲學。阿甘不停地跑，就像生命在不停地前進，跑步成了生命不斷前進的象徵。

作為生命延續的一種展現，跑步可以是人們的一種生活方式，負載某種類似觀念，在跑步的過程中，你可以更好地思考，更好地應對生活，去仔細想一想自己想要、需要和追逐的到底是什麼。

不過於我而言，這些都彷彿不存在。如果說世界上有一項運動是平等的，那麼它就是跑步了吧，男女老少，人人皆宜。越是發達強盛的國家，參與跑步的人越多。享受跑步帶來的快樂，感受宇宙的平等和自由，似乎是我更在乎的東西。

我不斷地將自己放空，跑步因而也變得越來越純粹。最簡單的東西，往往是最基本的。跑多快，跑多遠，怎麼跑，這不是人類社會規則給你的限制，僅僅是你自己的決定。在放棄胡思亂想和時間等限制後，我感受到了前所未有的快樂和自由，這也是我最想向讀者傳達的觀點。

你也許會說，這些都好難的，我們這些菜鳥怎麼可能做到？如果不能愛上一項運動，那麼你確實做不到。為什麼說跑步是最能鍛鍊一個人的意志力的呢？大概原因就在於此。你需要堅持，但僅有堅持是不夠的，還需要科學的訓練，並且要傾聽自己內心的聲音，否則你可能會受到傷害。

所以，跑步的過程，絕不僅僅是健身的過程，更是認識

自己的過程。在平緩而有規律的呼吸中你可以重新認識自己，跑步會讓你的心靈不斷自我覺醒。越跑步離自己的內心就越近。

　　這時，所有的不快都可以得到釋放，心在不斷地沉澱，想法卻開足了馬力往外冒，之前不能解決的問題，也有了解決的辦法。多麼神奇的事情，原來，跑步也可以是一種很好的修行方式。

林路

PART1

獨白

　　跑步可以給你帶來什麼？在跑步的過程中，你會感受到什麼樣的快樂，遇到什麼有趣的事情？隨著時間的延長，你會遇到哪些困難？又該怎樣超越這些困難，實現自我的完美蛻變？這些問題，我都會向你一一道來。經歷是個人的，經驗卻是大家的。這些雖然大多是我個人的感悟，但或多或少可以給你一些啟示。

　　這不僅是運動，更是一次心靈的旅程。只要你有毅力，就能完成每一段路程。當你踏出第一步，就能體會到自己內心也跟著往前進了一點，同時也能感受到，只要完成了跑步，就沒有什麼困難能難住你。將自己的思緒放空，你反而會獲得更多的回饋，會產生更多的感悟，甚至感覺自己就是一個哲學家。

第一章
開始

■ 1. 認識我們的身體

　　善待自己，首先要認識自己的身體。跑步水準的提高與對身體的認知程度息息相關。很多人在成年後之所以喜歡這項運動，是因為我們對自己的身體已經相當了解。

　　跑步的過程也是認識自己身體的過程。善待自己的身體，即在自己的身體還運轉良好的時候，及時鍛鍊，不要讓它過早衰退。

　　奔跑時，看到那些胖得跑不動、弱得無力跑、老得跑不了、忙得沒空跑的人，我慶幸自己還能奔跑。和死神賽跑絕對是一句真話，因為當你跑不動時，第一個追上你的，也許就是它！

　　不要等到不能跑時，才意識到腿的存在。

　　善待自己的身體，在運動時也要注意休息，不要經常讓身體超負荷運轉。跑步的損傷，很多是由於我們不懂得休息，不懂得避免傷害造成的。

當我們可以自如地發揮身體的能力時，我們總是希望能跑得更快，跑得更遠，卻忘記身體也有它的限度。當我們不知不覺延長跑步時間、增加跑步強度的時候，身體的損傷也在慢慢累積。跑步要有張有弛，肌體興奮時要注意任何有可能引起受傷的動作。這才是正確的健身之道。

我現在會隨時關注自己奔跑時的身體狀況，一旦發現有可能造成損傷，就會立刻停下，絕不做無謂的堅持。暫時的放棄是為了未來長久地堅持。跑步絕不意味著自虐。

為了成績或圖一時痛快而付出傷害身體的代價得不償失。鍛鍊時要隨時關注身體狀況，畢竟健身才是目的，成績只是副產品。善待身體，身體自會回報你。

跑步之前，我們對身體的感覺是麻木的，對身體各個部位的功能和作用缺乏認識。在身體發生變化時，我們聽之任之，難受了就覺得是生病，把身體交給醫生。

只有當需要使用身體這個「工具」時，我們才發覺對自己的身體太缺乏了解。剛開始跑步，我們不知道為何控制不了呼吸，掌握不了節奏，腿部乏力，雙臂發酸，腹部隱痛，感覺單調，難以堅持下去。

我們在學會呼吸的過程中，了解了自己的心肺功能；在掌握節奏時，感覺到了心率；在提高腿部力量後，慢慢認識了腿部肌肉和骨骼結構；掌握了最省力的擺臂方法，也懂得

PART1
獨白

了上肢的合理動作；在消除腹部隱痛時，知道了跑步也需要一定的腹肌力量；在感受到跑步樂趣的同時，也知覺了自己的精神狀態。

在提高速度的過程中，我們了解到自己身體的薄弱環節。跑步速度的提高有賴於身體綜合素質的加強，是心肺功能、腿部力量、肌肉耐力、身體耐受能力等全面提高的結果。速度停滯得不到提高時，一定是身體能力失去平衡，在某個方面出現了問題。

當我們透過訓練改善這個薄弱的方面，使身體綜合能力再度趨向平衡時，我們的速度又提高了。提高速度的過程就是這樣一個身體綜合能力的平衡從恢復到打破，又從打破到恢復的循環過程。

受傷讓我們加深了對身體的認識。當我們過度練習，過度使用某個身體部位時，往往會造成這個部位的損傷。損傷是身體發出的警告，提醒我們要愛惜傷痛的部位。

因為傷痛的提醒，我們會增加對受傷部位的注意，在以後的訓練中，會優先把曾經發生損傷的部位列為重點保護對象，在有可能再次造成損傷之前停止跑步。

在跑步的過程中，我們開始慢慢了解自己本以為很熟悉的身體。

　　生活中我們因為什麼都想擁有而負擔太重，奔跑使我們明白，放棄很重要。不要對跑步成績寄予太大期望，否則，跑步就會成為一種負擔。

　　提高跑步速度的一個關鍵是減體重，跑步時才會知道，在健身房裡鍛鍊出的肌肉是負荷，只會增加負擔，增加蠻力，此外一無是處。

　　肉體的負荷要去除，精神的負擔也要卸下，否則也會使奔跑變得疲憊不堪。人在心事重重時，注意力不易集中，感覺雙腳沉重，這時跑步極易造成身體損傷。所以在有心事的時候，不要做大量運動，只要適度運動即可。適度鍛鍊有助於讓精神脫離萎靡不振的狀態，慢慢恢復好心情。

　　奔跑不是從跑道開始，而是始於生活。只有把生活安排妥當，跑步才會真正輕鬆快樂。也只有無牽無掛的軀體，跑起步來才顯得輕盈。

　　當我們用跑步的追求反觀生活時會發現，生活中我們貪求許多對生命無益的東西，致使跋涉於人生這條河流時，會因為揹著的包袱裡欲求太多而不堪重負。

　　許多人甚至被自己的欲望壓垮，沉沒於人生的激流。人生就像一場奔跑，要想快樂和自由，就不要攜帶多餘的包袱。

▓ 2. 跑步塑造你的健美身材

年輕時喜歡去健身房，恨不得把身體練得一塊塊肌肉像小山丘一樣隆起。及至跑步時才發現，和別人比自己身上的贅肉彷彿是多背了幾十斤的包袱，這時恨不得能扔了才好。

看看田徑運動員的身材，協調勻稱，才明白肌肉不是越多越好，而是有用的才是好的。跑步有助於調動身體的大部分肌肉，長期的運動，會使這些肌肉越來越發達。

而用不到的肌肉，會自然萎縮，也減輕了跑步時身體的負擔。要知道哪些肌肉有用，哪些肌肉沒用，只要在跑步時感覺一下身體哪些部位是緊張的，哪些部位是放鬆的，就會知道答案。

肌肉得到鍛鍊時一定是緊張的，而沒有得到鍛鍊的肌肉自然處於放鬆狀態。這裡所謂的「沒用」的肌肉，並不是真的沒用，只是在運動中不起太大作用而已。

每塊肌肉都有它的用處，只不過當它不是起主要作用時，就不會那麼發達了。肌肉的這種實用主義原則，使身體在跑步過程中被自然整合。

跑步送給跑步者的禮物之一就是不容易肥胖。跑步是很有效的減肥手段。其實減肥者只要變成跑步者，沉浸到跑步中追求奔跑的速度和距離的延伸，跑步就一定會饋贈給他一副好身材。

　　跑步減肥的理論基礎是：跑步超過 30 分鐘，身體在消耗完糖原後，就會燃燒體內脂肪。再加上跑步過程中不斷流汗，跑步者的體重會急遽下降。

　　如果沒有速度要求，減肥者跑起來慢條斯理，沒有強度和速度，減肥效果自然大打折扣。只有把自己當成一個跑步者，設定一個速度標準，讓身體感覺到緊張的強度，減肥的效果才會顯現。跑步的減肥者可以很明顯地看到減肥效果，鍛鍊之後如果能適當控制飲食，減肥效果會更好。

　　之所以說減肥者要把自己當成一個跑步者，是因為很多減肥者在跑步時，認為自己只是在減肥，不必追求跑步速度，跑步時使勁縮緊腹部，會讓肚子收縮。減肥者的另一個不良習慣是，為貪圖舒服，往往挺著大肚子跑步，這樣腹部肌肉得不到鍛鍊，就起不到收腹作用。跑步之後，如果能做幾組針對腹肌的練習，效果會更明顯，如蛙跳、單槓舉腿、仰臥起坐等。

　　有的人擔心跑步會讓小腿變粗，其實這是沒科學根據的。只要跑步姿勢正確，並不會把小腿跑粗。所謂跑步姿勢正確，就是跑步時要大腿帶動小腿，不要出現小腿支撐身體，勉強朝前邁步的動作。

　　登山因為常用小腿起支撐作用會使小腿變粗，而力量型的短跑訓練則會讓大腿變粗。有的人是天生大腿較細，相比

之下小腿顯得粗，並不是因為跑步使小腿變粗了。

跑步可以改變肥胖的外形，當達到這一效果時，跑步者更能感受到跑步的樂趣。

跑步者身材勻稱，有形體之美；奔跑時動作協調，有姿態之美；快速地擺臂和有力地蹬腿，有速度之美；奔跑途中均勻的速度和有規律的動作，有節奏之美；體力衰竭時不言放棄，有堅持之美。

所有運動員中，跑步運動員的身材最為勻稱協調。長跑運動員雖然偏瘦，但作為跑步愛好者，只要不訓練過度，身材就可以剛好保持在苗條和健美的範圍內。跑步是人們減肥的最佳運動選擇，簡單易行，效果明顯，不會把肌肉練大練硬。

跑步動作充滿動感。任何運動的最美經典瞬間，一定是與跨步和騰空的動作有關，而跨步和騰空在跑步中得到了最純粹的展現。只要是在奔跑就離不開這兩個動作，從這一點來說，跑步展現的美多到奢侈。

我忽然明白人們為何喜愛跑步，跑步其實就是在展示身材、姿態、信心和快樂。跑步者奔跑時，擺臂和蹬腿的快速交替，給人以速度和力量感。

跑步者長時間以均勻速度奔跑，有規律的呼吸和起伏的肌肉，形成一定的節奏。這種速度和節奏在跑步者體能範圍

之內,長時間和跑步者的身體動作形成共振時,跑步者會感受到奔跑的快感,旁觀者則能欣賞到跑步速度和節奏的美感。

及至跑步者體力衰退,速度下降,節奏被打亂時,只能靠意志力苦苦支撐。雖然姿態和動作的美感下降了,但意志力作用下的堅持之美更為動人。這就是為什麼在馬拉松的終點,雖然沒有跑出好成績,但觀眾還是會把掌聲獻給精疲力竭堅持跑完全程的跑步者。

這就是跑步者形體、動作和精神之美。跑步,既是一次力的展示,也是一場美的盛宴。

3. 跑步的女人不一樣

女性跑步者往往擔心跑步會讓小腿變粗,其實這種擔心是不必要的。跑步並不是主要靠小腿用力。跑步是大腿小腿協同用力的過程,大腿為主要出力部分。跑步需要的是腿部持久的力量和耐力,而不是瞬間的爆發力。而且這種力量是交替進行的,小腿在前擺的過程中通常保持放鬆自然下垂。如果在跑步過程中,感覺小腿變粗,或經常發酸發脹,大部分是因為小腿動作錯誤引起的。這時就要在跑步過程中慢慢糾正跑步動作。

相反,大多數女生覺得輕鬆而經常參加的登山運動,由於小腿一直處於緊張的狀態,倒是很容易將小腿練得更粗,

而且更結實，看上去有肌肉發達的感覺。

女性的跑步能力並不比男性差，她們的跑步姿態比男子優雅、輕盈，耐力更好，也不容易疲勞。女性體內的脂肪可以給耐力跑提供更持久的能量。

女性的這些優點能使她們在長跑時更均勻地用力，跑得更久。這樣長久鍛鍊下來，會讓她們的身材更苗條，更顯協調，根本不必擔心小腿會變粗。

游泳時，大肚子是浮球，可以增加浮力；騎車時，肚子是放在位子上的包袱，放著也無大礙，反正是車子在馱；跑步時，肚子是身體的一部分，必須縮緊，否則跑不起來。前兩者雖然四肢在運動，但軀幹不動，甚至還有所放縱，所以只有跑步才可以減小肚子。對減肥者而言，跑步就是硬道理。

參加跑步讓女性在氣質上更添活力。某日，在運動場看到一位認識但並不熟悉的女生在奔跑，大感意外，對她的印象又增加了健康、自主、自愛、活躍、時尚、自信等，甚至覺得她有點性感。

一般的女人不跑步，跑步的女人不一般。熱愛跑步的女人是性感的！她們積極、樂觀、努力，對生活充滿嚮往。她們總是面帶微笑，精力充沛，體內有無限的能量。

擺在女孩們面前的減肥道路有三條：運動、節食、吃藥。但是，大多數女孩選擇了後兩條。因為前者既累，效果

又慢。浮躁的人通常不願意付出、等待和忍耐，便選擇了更為便捷的道路。

同樣是漂亮的女孩，有沒有跑步是有很大區別的。每個熱愛跑步的女人都是女神。健康、積極向上、自制力強的女孩，是討人喜歡的。

仔細觀察你就會發現，經常跑步的女人開朗、活潑，善於交朋友，懂得有效的社交技巧，懂得恰當得體地為人處世，不會斤斤計較。

喜歡跑步的女人有品味，懂得如何欣賞美，因此會有很好的修養和內涵，談吐優雅，品味不俗，氣質高雅端莊。即使優雅的打扮可以學，但優雅的氣質是學不來的，那是一種源自於內心的態度：優雅地生活。

女孩，如果現在的妳是大學生，幾年以後，當妳從大學畢業時，妳周圍的同學不是單薄的平板身材，就是圓潤的飯桶身材，當然，基因太強大的不算，但她們的臀部永遠塌塌的，腰腹部的游泳圈也若隱若現。只要不是一直瞎練，妳身體的線條、姿態、體能以及精神狀態，甩她們八條街絕對沒問題。

十年後，妳工作中的同事，在妳耳邊說得最多的是逛街、八卦以及吃飯，然後捶胸頓足要減肥，而一直鍛鍊的妳，身材好到巔峰。同事們嫉妒的眼光，妳只要享受就是了。

二十年後，在孩子差不多能幫忙做事的時候，妳的身材跟二十幾歲時別無二致，容貌也沒有什麼變化，不需要抹各種保養品，令人羨慕。

跑步從來不會虧待妳。跑步真的會讓女人不一樣！

■ 4. 堅持跑步會發生什麼？

跑步與不跑步的人，每天看起來似乎沒有什麼差別；每月看來差異也是微乎其微；每年看來差距雖然明顯，但好像也沒什麼了不起；但在每五年來看的時候，那就是身體和精神狀態的巨大分野。等到了十年再看的時候，也許就是一種人生與另一種人生不可企及的鴻溝。

△ 長期堅持跑步是什麼感覺？

△ 會越來越勤奮

△ 會越來越堅強

△ 抗壓能力越來越強

△ 會早起

△ 精神會變得好起來

△ 魅力會增加

△ 身體會變好

△ 會變成美食家，動手能力越來越強

△ 會擁有強大的幸福感和自信

△ 絕對增加霸氣值

△ 會嚴於律己，原則性越來越強

△ 社交圈子更豐富，人生會變得更精彩

堅持一週後

也許你的雙腿會感到痠痛無比，但是心情卻莫名地感到舒暢，因為跑步會促使腦垂體分泌出快樂激素 —— 內啡肽（endorphins），就像是戀愛的感覺，你會覺得自己跑得快飛起來了。跑步會帶給你一天的好心情和更加輕快的步伐，你會覺得沿途的風景都是不一樣的。

這是開始改變的一週，七天時間或許無法改變很多事情，但是你的身體已經發生了正向的改變。跑步的初體驗讓你的心率加快，血液快速流過全身，身上多餘的脂肪開始燃燒。

堅持一個月後

堅持一個月的跑步讓你的呼吸變得均勻平穩，心跳變得沉穩有力。如果你的飲食得當，你應該已經甩掉了幾公斤贅肉，慢慢地有些衣服穿上去已經有點大了。而你的生活習慣也在悄然發生改變，你會發現早睡早起不再是難事。而為了維護跑步的成果，會對自己的飲食要求更加嚴格，但對你來

說控制食欲已經不是什麼難事，對高脂肪、高糖、高熱量食物的渴望也不像之前那麼強烈。

周圍的人會發現你的精神狀態變好了，而你也會覺得之前稍微動一動就會氣喘吁吁的自己，現在居然能參加各種極限挑戰活動，一口氣上七層樓都不算什麼。是跑步帶給了你和別人不一樣的精神面貌！

堅持一年後

騰不出時間跑步的人，遲早得騰出時間去醫院。而你在堅持了一年以後，會發現你這一年幾乎沒去過醫院，跑步讓你的免疫系統 24 小時全力運轉。體能和耐力大幅度提高，更低的心率意味著更強勁的心臟，更平緩的呼吸意味著更加高效率的心肺系統，你已經可以跑出絕大多數人完不成的里程。

你會發現你的關係圈發生了改變，因為你融入了另外一個社交圈——跑步的社交圈，你每天看到最多的是你的朋友又跑了一個馬拉松。

跑步可以加速身體的新陳代謝，你的身體就是一臺「脂肪燃燒器」，脂肪不再囤積。而你的同齡人，很多都是珠圓玉潤，腰腹部帶著一個游泳圈，當他們在研究減肥的時候，已經堅持跑步一年的你無論是體能還是身材都是他們望塵莫及

第一章
開始

的。你堅持跑步的事應該已經成為關係圈裡面的一個話題，你的朋友、同事、親戚，甚至老闆，都會覺得你是一個可靠的人，因為你會為了一個目標而堅持努力。專注讓你變得更有毅力，當這種精神轉移到生活中、工作上，周圍的人就會發現原來你是一個這麼有魅力的人！

堅持五年後

同齡人的身體開始走下坡路，各種小毛病頻繁來襲，而你的身材卻更加健碩了，容貌甚至逆生長。身邊的人看你的眼神都充滿了羨慕嫉妒恨。

長期堅持跑步，造就了健康良好的身體狀態，也磨練了堅韌不拔的毅力。五年如一日堅持跑步是對孩子最好的教育，你會發現你的孩子以你為榮，他也會和你一樣為了一個目標不言放棄。

跑步，成為你的一個人生標籤，堅持跑步並不是為了戰勝誰，而是為了與更好的自己相遇！

堅持十年後

長期堅持跑步能夠消除對人體有害的自由基，延緩衰老程式，你會發現自己的體能狀態一點不輸年輕人，傲人的耐力和體力甚至可以使你和自己的孩子來一場真正的較量。

你的身材體型、儀表姿態、體能水準、精神氣質在同齡

人中顯得那麼與眾不同，你可以以良好的健康狀態繼續下一
個十年、二十年、三十年的精彩人生！

■ 5. 跑步是人類最原始的衝動

　　為什麼要跑步？這是每個剛開始跑步，甚至已經在跑步
的人心頭經常縈繞的一個問題。跑步與其說是一項肉體的運
動，不如說是一種關於精神的活動。

　　跑步是所有肢體健全的人都可以參與的運動，它沒有任
何門檻。跑不跑步，取決於你的思想。只有思想上認可了
「跑步」這項運動，你才能成為一個跑步者。

　　有的人認為跑步是專業運動員的事，於是裹足不前。有
的人認為跑步簡單而乏味，枯燥的過程令人難以堅持，於是
轉而參與其他動作看上去很優美的運動項目。只有那些理解
了跑步，願意在跑步中用汗水交換快樂的人，才會深深熱愛
並迷戀上跑步。

　　年長後回憶青春年少時的戀愛，遺憾的不是追不上心儀
的異性，而是面對心儀的異性畏縮不前、不敢表白。對於跑
步者來說，跑得不快不是遺憾，面對腳下延伸的漂亮跑道沒
有奔跑的欲望，才是真正的遺憾。

　　跑步並不複雜，只要願意在跑道上邁開腳步，你就可以
體會到跑步的樂趣。跑步時飛奔的感覺就是，旁人只看到跑

步者快速擺動的雙腿，跑步者自己卻感覺不到雙腿的存在。

　　有的人也許一生都不知道自己這一輩子該做什麼，而有的人一生只是在「想做」而已。當你想跑步時，只要邁開腿奔跑就可以了，不要想太多，也許在你「想」的時候，奔跑的機會和想跑的心情就一滑而過了。

　　你可能是為了健身，可能是喜歡追求速度的感覺，甚至可能是想透過跑步讓自己顯得與眾不同，不管是出於什麼目的開始跑步，跑步都會讓你的收穫大於預期。

　　我每次開車行駛在高速公路上，看著半坦整潔的路面伸向遠方，就有一股下車奔跑的衝動。王石說，登山是因為山在那裡。對於跑步者，奔跑是因為路在腳下，更因為目的地在遠方。

　　跑步的意義是什麼？當疲勞或受傷的時候，我也會這樣反覆問自己。還要不要堅持下去？這時我只感覺跑步的意義遠大於身體的安逸。

　　跑步是人類最原始的衝動。跑步讓你釋放自己的生命活力。生命不一定會因跑步而延長，但生活一定會因奔跑而充實。跑步是內心的體驗，跑步讓你身心寧靜，將生活的喧囂與煩擾隔離在內心之外。

　　跑步是靈與肉的交流，是靈與肉同時追逐平等和自由的過程。跑步沒有高貴與低賤之分，沒有富有與貧窮之別。

對於跑步者來說，跑步就是他的生活方式，是生命存在的形式。生活就是跑步，其他時間就是對跑步的等待。這是大多數跑步者內心深處的聲音。

許多人往往在奔跑的過程中才領悟到生命的意義。

■ 6. 在跑步中突破自我

跑步者不像專業運動員，以追求速度的提高為唯一目的。不過跑步者對提高速度也不是毫無追求。在運動成績上跑步者無法和專業運動員相比，但在精神上卻比專業運動員更容易獲得跑步的樂趣和動力。

專業運動員在年輕時運動成績達到頂峰，隨著年齡的增長已不可能取得比年輕時更好的成績，獲得更好的感覺。他在精神和肉體上經歷了雙重的耗竭。

而非專業跑步者因為沒有在這項運動上投入全部精力，在跑步經歷中倒是常跑常新，不時地產生意外的感覺，包括在跑步中不斷提升速度。

許多跑步者在三十歲之後才開始適應長距離跑，四十多歲後跑步成績還在提高，有的甚至在五十多歲還跑出了自己最好的馬拉松成績。這是因為成年後心肺功能逐漸強大，更容易適應長距離跑步這項運動。

有人說，業餘馬拉松跑步者的黃金年齡是四十歲。許多

馬拉松跑步者的經歷證明，在長久的跑步生涯中不斷突破自己，是可以做到的。

和專業運動員短促而耀眼的運動生涯相比，跑步者的人生沉穩而悠長。跑步者也因為沒有像專業運動員那樣超量付出，更能在漫長的跑步生涯中長久地釋放運動能量。

有的跑步者會認為，只要流汗就有效果。這樣的運動強度雖有效果，但還沒有突破自己能力極限達到的效果好。持這種觀點的人，大多害怕運動中「累」的感覺。

害怕「累」的人不能辯證地看待「累」和運動效果之間的關係。適當的「累」是運動的一種正常狀態，完全不「累」的運動是達不到運動效果的。

只有身體習慣了「累」，能夠正視「累」，你的身體承受力和精神意志力才能得到提高，你的運動能力也才能提升一個臺階。只有不怕「累」，你才會在以後的運動中不斷提高運動能力。

跑步者在運動中的突破，並不需要像專業運動員那樣透過超負荷的運動量突破極限。只要相對於自己的運動能力有點小小的突破，就是最大的收穫。

這種突破不必額外延長運動時間，增加運動量，只需在同樣的運動時間裡，稍稍加大運動強度，就能在以往的運動基礎上提高運動能力。這樣可能會讓身體「累」一點，但帶

來的運動樂趣和動力卻是無窮的。

　　這裡所謂的加大運動強度，就是在跑步時根據自己的體能基礎，適當地增加強度。只要步伐邁大一點，腿部力量加強一點，手臂擺動的頻率加快一點，極限就會來得更早一點。

　　循序漸進，一段時間後，一定會看到自己跑步速度的提高。跑步，有時也需要對自己狠一點！

　　有人說，業餘馬拉松跑步者的黃金年齡是四十歲。許多馬拉松跑步者的經歷證明，在長久的跑步生涯中不斷地突破自己，是可以做到的。

第二章
享受

....

■ 1. 像戀愛一樣去跑步

　　曾經以為,愛情需要郎才女貌,只屬於才子佳人。後來才明白,越是遠離了美貌、財富、身分、地位的愛情,越純粹。跑步也一樣,它沒有武術漂亮的架勢,沒有足球豪華的排場,沒有馬術奢華的裝備,也沒有高爾夫尊榮的身分。

　　從跑步中可以找到初戀的感覺,因為一切運動都是從跑步開始的。但也有例外,象棋類運動可以坐著進行。這並不奇怪,也有人追求精神戀愛,哪怕只是短暫的。比如網戀,虛擬的空間也可以讓人墜入愛河。

　　拜金的年代找不到純粹的愛情,卻可以在跑步中體會運動的純粹。不需要花樣,沒有太多包裝,跑步直接作用於心肺。跑步可以讓你找到對運動初戀般的感覺。因為除了單純的智力運動,一切運動都是從跑步開始的。也許你以後的運動興趣延伸到了其他項目,但跑步永遠是你運動之初的感覺。

　　一段較長距離、適合奔跑、風景優美的道路;一份比較

有規律、沒有太大壓力的工作；一天中至少有一個小時可以自由支配、不受打擾的閒暇時光。如果這些都沒有，也要讓自己保持一顆時刻奔跑、永不止歇的心。

不要告訴我瑜伽有多優美，肚皮舞有多風情，高爾夫有多尊貴，如果雙腿不會奔跑，你永遠不會體會到靈魂自由自在的感覺。

跑步時鞋子裡進了沙子，就好像婚姻中自己身上讓對方難受的缺點，不時地刺得對方疼痛。這時要讓跑步繼續下去的唯一的辦法就是停下腳步，解開鞋帶，脫下鞋子，有時還要脫下襪子，抖出沙子。雖然麻煩，卻是必需的。

清晨的奔跑就像人生的初戀，全身的感覺都是新的。晨跑讓你擁有清晨，也擁有了這一天的好感覺，就好像青春期的戀情，豐富了人生的色彩，使人生不留遺憾。擁有初戀的青春不後悔，清晨奔跑的腳步不孤單。

跑步讓人血脈噴張的同時，也會使人自我膨脹。征服者和狂人是跑步者最容易出現的心態。其實跑步只是跑步，論成績不能和專業運動員相比，跑步者更應注重的是跑步中對生命的體驗和對生活的感悟。

跑步後心率在短時間內恢復常態是運動適量的表現；狂熱和痴迷後歸於平靜的生活才是跑步者應有的姿態。

人生天地間，每個人都有他存在的理由。大多數時候，

這理由是我們自己去尋找的。同樣,每個跑步者都有他奔跑的緣由。當他停下腳步時,一定是沒有了跑步的理由。給自己重新找個理由吧,不必關乎風月,卻可以關乎意義。

簡單的動作卻揭示了生命的意義,蘊含著運動的本質:生命在於運動,運動重塑生命。

2. 讓靈魂從此快樂起來

跑步是孤獨的運動。馬拉松的起跑點也許有成千上萬的參賽者,奔跑的途中也有無數人相伴,但過程的艱辛最終只有跑到終點的人才能體會到。

跑步雖然也可以是集體活動,但跑步過程中產生的身體勞累、心理疲乏、精神孤獨,最終只能由跑步者個人去承受和面對。

孤獨不是跑步者的天敵,雨霧天氣、嘈雜的環境、汙濁的空氣才是跑步者的煩惱。跑步者對生活要求不高,但對跑步的環境卻要求苛刻。本是最簡單的運動,在大興土木、大搞建設的當代社會卻成了奢侈的運動。

跑步是跑步者的傳奇,只要不停下腳步,每個跑步者都在書寫自己的傳奇。跑步者的對手只有自己,要面對的是自己的內心,需要克服的是枯燥、單調和煩悶的感受。

年輕時跑步是因為身體不好,隨著年齡的增長,跑步有

時候是因為精神不好。跑步可以改善人的精神狀態。當你不
再年輕時,反而會體會到跑步可以滿足自己內心的需求。

跑步不單單是四肢的機械運動,它更是內心的體驗。

人的一生都在追求靈與肉的交融,但肉體的官能快樂會
讓靈魂遠離,靈魂的提升遠比肉體的快樂更難追尋。跑馬拉
松的過程就是肉體和靈魂糾結、對決的過程。

後半程肉體的磨難會讓你真切地感受到靈魂的存在。堅
持還是放棄,是靈與肉的對話。成敗取決於妥協:靈魂妥協
了,肉體從失敗中暫時偷得快樂;肉體妥協了,靈魂才會有
最終的快樂 —— 到達終點的成就感。

跑步時我只為自己,甚至身上的衣服也只剩下遮羞的最
後功能。沒有羈絆,沒有牽掛,暫時脫離這個世界。這時的
我是最自由的。

我慶幸自己能跑步,我的生命由很多這樣的自由時刻組
成。如果我還有什麼要求,那就是:跑步時,別來打擾我。當
生命長河用十年、二十年來記錄時,我們的人生成熟了;當雙
腳奔跑的距離以馬拉松為單位計算時,我們的內心強大了。

生活的目標包裹在層層欲望裡面。當我覺得自己活得很
累的時候,小心地剝開如竹筍般緊包得密不透風的欲望筍
片,我看到發白的筍心裡只寫著「跑步」兩個字。

於是我在路上奔跑,發現這才是自己嚮往的觸及心靈的

存在形式。看著別人打著飽嗝幸福得一臉茫然的樣子，我更愛自己身輕如燕地奔跑後筋疲力盡的感覺。

有人說跑步並沒有我說得那麼美妙，或許我應該感到高興。也許是我感受到了別人沒感受到的跑步的神奇，或者是我表達出了別人沒有表達過的神奇的感覺。

無論哪一種情況都說明跑步不是沒有神奇，而是缺少發現。如果懷著一顆體驗的心去感悟跑步，你會發現跑步真的有點神奇。這正是跑步需要用心體驗的地方。

人類為了心靈的安寧，在各種艱深的宗教裡尋求寄託。然而，我卻發現寄託就存在於跑步這樣一種簡單的形式中。你能奔跑多遠，生命就會延續多長。而且給你的是有品質的肉體自由，和沒有束縛的精神世界。

跑步就是為了追逐快樂，把痛苦甩下，把傷心遺忘。跑步讓肉體辛苦，只有這樣才能使精神的痛苦顯得不那麼沉重。人們往往選擇趨利避害，只有智者才會主動選擇磨難。

3. 孤獨的美感無法共享

跑步活動無論如何熱鬧，最終的體驗都指向跑步者個人的內心。這種體驗別人無法替代。很多人無法堅持長跑，是因為害怕長跑中孤獨的感覺，覺得長跑太枯燥、太單調、太乏味。

PART1
獨白

　　如果真有這樣的感覺，我要說那是因為你還沒有找到對付這些感覺的方法。但對於中年跑步者，孤獨並不是問題。

　　中年跑步者的速度不能和年輕人相比，但他可以跑很長的時間和距離。與其說意志力堅強，不如說他可以享受長時間奔跑這種單調乏味的過程，可以享受一個人獨處的感覺，這感覺包括孤獨。

　　孤獨是人生必有的，沒有體驗過孤獨，就沒有真正關照過自己的內心。但現實中孤獨的形式不能太明顯，太明顯了會讓人覺得孤僻。我們不會主動追求孤獨，相反，我們在處處躲避孤獨。

　　我們工作、生活、消遣，想方設法和同類接觸、交往，就怕落後於這個社會。我們留給自己的時間很少，卻把大部分時間留給別人。我們很少會為了孤獨，一個人沒有理由地靜靜地躲在一個地方。只有跑步可以讓人理所當然、堂而皇之地感受孤獨。

　　也許你並不是為了孤獨，但跑步時孤獨不可避免地襲來，如果不能面對它，你只能失敗地離開跑道，回到你熟悉的人群中。

　　對於中年跑步者來說，孤獨並不是挑戰，在生命的長河中，他已經有過孤獨的經歷，有過痛苦的成長曆程。他比年輕人更能習慣孤獨，更能理解孤獨的意義。所以中年人在長

跑中更能堅持。

　　孤獨不是跑步的天敵，而是生命成熟的催化劑。年輕的跑步者有速度有體能，但不能忍受長時間奔跑的煎熬；中年跑步者沒有年輕人的速度和體能，但可以忍受肉體長時間的磨難。

　　當有速度有體能的年輕人成長為可以忍受一切孤獨和磨難的跑步者後，他就會在馬拉松的跑道上變得無敵。國外有許多運動員在四十歲左右還能獲得馬拉松冠軍，所以馬拉松並不單單是速度和體能的較量，它還有心智是否成熟、精神是否強大的內容。

　　孤獨並不是人人都懂得享受的。人們都喜歡旅遊，害怕跑步，因為旅遊能讓人避開孤獨。旅遊時，去哪裡不重要，重要的是和誰去。但跑步時，不管和誰一起奔跑，最終都要面對孤獨的自我。

　　不必去戰勝孤獨，即使沒有跑伴和觀眾，優美的跑步環境也可以讓我們享受孤獨。奔跑讓我們成就孤獨：讓孤獨更有意義，富於美感。孤獨的美感，無法共享。

■ 4. 想鍛鍊意志就去跑步吧

　　強者勇於面對磨難，弱者悄然逃避磨難。

　　在 PU 跑道上奔跑，步幅可稍大，稍微增加腿部力量，使速度快些；而在水泥路面上跑，則要收縮步幅，減輕腿部力

量,使步伐顯得輕盈些,避免因腿部勞損而不能跑完預定路程。在不同的場地,要調整不同的跑步動作,否則腿部容易受傷;面對不同的生存環境,也要調整不同的生活態度,否則心靈容易受傷。

一場馬拉松就是一次磨難的歷程。智者因有計畫而淡定,強者因堅持而圓滿,弱者卻由於對距離的恐懼而半途而廢。因此馬拉松也是一道篩選關卡,把智者和強者傳送到終點,把弱者半途淘汰。智者、強者和弱者的區別,其實只在於內心是否強大。

每次跑步都是身體系統協調配合的結果。在不同速度的奔跑中,參與運動的身體各部位所起的作用不同,身體對各部位運動能力的要求也不同。

快速跑對腿部力量要求較高,腿部的力量和耐力在跑步中產生主導效果。但也需要其他身體系統的支持,如果心肺功能弱,呼吸跟不上,就容易出現「極點」。「極點」的出現就是呼吸系統和運動系統不能同步進入狀態的表現。

快速跑的距離不可能太長,身體能力下降自然就堅持不下去了,這時還用不到意志力。即使有意志力,也不起積極作用,因為如果硬撐下去,只能造成身體的損傷。

而慢速跑則不一樣。慢速跑是身體能力範圍內的運動,速度不是追求的目標,對腿部力量要求不高,「極點」的出現

也晚，更容易克服，會比較快地進入「第二呼吸狀態」。

　　跑步者需要面對的是跑步過程中的單調、乏味、枯燥、煩悶等感覺，這些跑步時的心理危機需要用意志力克服。只要身體不受傷 —— 慢速跑時身體也不容易受傷，能不能堅持，要不要堅持完全取決於跑步者的意志。這時意志力在跑步中發揮主要作用。

　　當身體需要用意志力控制時，對跑步技術和身體能力的要求退居次要位置。跑步者需要戰勝的是自己內心不想奔跑的念頭，跑步的過程就是靈魂與肉體掙扎的過程，使跑步進入精神運動的狀態。

　　快速跑與慢速跑可以根據跑步者的最高心率和最快速度的百分比劃分，一般以最高心率和最快速度的 60%～ 70%為分界線，在這之上的為快速跑或中速跑，之下的為慢速跑。

　　但這也是變數，不同能力的跑步者所占的百分比不同，運動能力強的人取 70%或更高點，運動能力弱的取 60%或更低點，要看個人運動時的身體感覺。

　　按籠統的分法，可以以 6 分鐘一公里的速度為標準，高於這個標準的為快速跑，低於這個標準為慢速跑。運動能力強的人標準可以提高些，比如 5 分鐘一公里，或 4.5 分鐘一公里。運動能力弱的人標準可以降低些，比如 7 ～ 8 分鐘一公里。

慢速跑唯一需要擔心的就是在長時間的運動和支撐身體的過程中可能造成關節的勞損。除此之外，慢速跑可以直接反映一個人的意志是否堅強。因為慢跑速度是在身體能力範圍之內的，是否能堅持下來就看意志了。

跑步使肉體辛苦，只有這樣才能讓精神的痛苦顯得不那麼沉重。有時候肉體的痛苦體驗越深，精神上得到的愉悅感越強。跑步者可以輕易地感受到精神的存在，以及精神對肉體的支配。跑步者的精神越強大，肉體可以奔跑的距離就越遠。

▓ 5. 跑步者的終極樂趣

跑步者與不跑步者最大的區別，就是能否在跑步中感受到樂趣。有無限的樂趣讓跑步者留在運動場或公路上。跑步的樂趣很多，就看你是否能發現。有些人也許對跑步的樂趣不屑一顧，但這些樂趣來自生活，如果忽視它，只能說明他們對生活太麻木了。

多數人對跑步敬而遠之，是因為他們認為跑步不但單調乏味，而且還要承受身體的痛苦。而跑步者並不這麼認為，正是在身體承受的痛苦中，跑步者感受到了跑步的樂趣。

星雲法師說「山不轉，路轉；路不轉，人轉；人不轉，境轉；境不轉，心轉」。當換個角度看問題時，事情就完全變

了樣。旁人看來單調的跑步動作，跑步者卻在動作中感受到隨著時間的推移、距離的延伸，身體所發生的變化。跑步真正的樂趣就在這身體的變化中。所以也有人說，跑步是身體的遊戲。當你把跑步當遊戲時，樂趣自然就出來了。

跑步的樂趣很多，只要你足夠細心，就可以在跑步中找到樂趣。

跑步的興趣需要培養。跑步者就是在長期的鍛鍊中培養了跑步的興趣，所以才對在旁人看來索然無味的跑步興趣盎然，樂在其中。

剛開始跑步時，可以邊跑邊數跑過的距離，計算速度，根據身體的感覺調整速度，包括步頻、步幅。感到乏味時，還可以觀賞身邊的景物，欣賞自己的跑步姿態。做這些的時候，可能跑步速度會有所下降，但卻可以增加跑步距離。許多人在跑步中這樣做的時候，感覺時間很快就過去了，根本不會感到枯燥煩悶。

所以最好是在大自然中奔跑，因為路邊的景色不會讓你感到厭倦。如果在跑道上奔跑，每圈的速度和時間是你最應該把握的；而在跑步機上奔跑，是更感乏味的事情，或許音樂可以減輕枯燥的感覺。

當跑步持續一段時期，可以掌控自己的跑步速度和距離時，跑步者最大的樂趣就來自於身體的感受。美景也有審美

疲勞的時候，速度不可能無止境地提高，距離的延伸不能帶來更大吸引力，這時跑步者對自己身體的感受，就成了樂趣的源泉。

這時你可以體會身體呼吸的感覺、跑步的節奏、「極點」的出現和消失等不斷變化的新意。

當以很慢的速度奔跑時，跑步者會感到煩悶無比，而以超出跑步者承受能力的速度跑時，跑步者還沒體會到跑步的樂趣就會因身體原因而放棄。跑步的速度和跑步者的生命節奏需要達到一種平衡，只有速度和生命節奏接近平衡，發生共振時，跑步者才能真正從跑步中感受到樂趣。跑步的過程就是尋求這個生命平衡點的過程。

當體能提高，且對速度無所求、對距離不再勉強時，因跑步而來的想法會在腦海中源源不斷地湧出，你會感受到思維的樂趣。

身心暢快、思維活躍，是跑步者追求的跑步的終極樂趣。

■ 6. 還原遊戲狀態重拾快樂

跑步只是遊戲，所有的運動都是遊戲，人類的好勝心理使其喜歡在遊戲中分出勝負。勝負讓遊戲更刺激，並成為強者的競賽，離普通人越來越遠。到後來，運動失去了遊戲的輕鬆，只剩下激烈的競爭。

　　跑步者的任務就是要還原跑步的狀態，重新在跑步中找回遊戲的快樂。當跑步者懷著急躁冒進的心態，對速度急於求成時，就很容易在跑步中受傷，也會使跑步失去輕鬆感。

　　一旦在跑步中達不到預定的速度目標，又會感到沮喪，懷疑自己的運動能力，心理上產生疲憊感，甚至精神萎靡不振，最終對跑步失去興趣。

　　跑步者應該認識到，身為跑步者，我們和專業運動員的最大不同是，我們的身體狀況和精神狀態每天都不同。

　　只要在奔跑，我們每天都會有不同的收穫。奔跑的距離短了，我們可以體會速度的樂趣；速度慢了，我們可以感受長距離下體能的消耗；狀態不佳時，我們可以嘗試呼吸控制下運動的速度和距離；身體興奮時，我們可以用最大的耗氧量體驗極限的樂趣。只要用遊戲的心態奔跑，每天都會有新鮮的內容。

　　跑步與人類的遊戲心理有關，但遊戲常被成年人看做是小孩玩的事而不屑一顧。所以有的人竟然把奔跑看成幼稚的事情，羞於去做。

　　然而生活也有遊戲的成分，沒有遊戲的生活太沉重。跑步是生活的遊戲部分，只是這種遊戲還有可能帶來精神上的寄託。

■ 7. 讓自己高貴而時尚起來

在思辨的時代，跑步是時尚，思考很高貴，像康德（Im-manuel Kant）生活的時代；而在這個充滿功利的社會，思考是奢侈品，跑步成了磨難。愛思考的跑步者在精神和肉體上享受樂趣的同時，也承擔了雙重的痛苦。

跑步有利於思考。跑步是一項獨處的運動，可以讓你與周圍世界暫時隔離開來，身心安靜，啟迪思維。當跑步者跑步時，不只是肉體在運動，思想也在奔跑。

肉體感受和思想感悟常常在速度變化中交織更替。速度太快，超過了身體機能的承受範圍，對肉體是磨難；速度太慢，精神沒有做好思考的準備，對靈魂是折磨。

找到適合自己的跑步節奏，堅持下去，你會感到肉體與靈魂和諧的歡樂。這樣的節奏，就是你生命的振幅。喜歡透過肉體磨難體驗刺激的人可以讓速度快一點；願意感受思考樂趣者則可以跑慢一點。

跑步者善於思考。正因為擁有思想，跑步者才可以堅持旁人看來枯燥的事情。枯燥單調的動作下是跑步者思想精神的昇華。思考是痛苦的，但總有收穫；奔跑很累，但終會到達終點。

第三章
邂逅

■ 1. 清晨是最美的相逢

　　小時候在小鎮生活，看到大人和高年級的學生一大早在公路上跑步，就約了同儕一起晨跑。印象中跑步的人都是天剛亮就從外面的公路返回了小鎮，我們就也準備在天還未亮的時候出去跑步。為了能在黑暗中看得清路面，我們還特意製作了火把。

　　第二天一早，四周還一片黑暗的時候，我們一群十一二歲的小孩就舉著火把往小鎮外的公路跑去。去公路要經過一個曾經發現過屍體的山坳，在人多和火把的壯膽下，我們勇敢地穿過了那個有點恐怖的山坳。一段時間後，我終於也敢一個人上公路跑步，從此養成了清晨跑步的習慣。

　　這是我關於跑步的最初記憶，從此清晨在我的腦海裡與跑步聯繫在了一起。清晨的奔跑給了我神清氣爽的感覺，如果某一天沒有晨跑，我總覺得這一天不完整。

　　後來，書本知識告訴我，清晨並不是跑步的最佳時間。科學地講，下午四五點跑步比早上跑步對身體更有益處。但我依然偏愛早上跑步。

　　在寧靜的清晨奔跑所帶來的心靈愉悅和精神放鬆，是下午的嘈雜環境所無法與之相提並論的。在跑步之初，多少人是因為喜歡享受清晨而愛上跑步的呢？至少我是這樣。不在清晨的奔跑，還是我們曾經喜愛的跑步嗎？

　　後來也嘗試過在各種時段跑步，但還是清晨奔跑的感覺最好。清晨氣溫適宜，空氣清新，柔和光線中的戶外環境特別優美，特別容易令人產生跑步的衝動。

　　在這樣的時間跑步，可以獨享寧靜的氛圍、新鮮的空氣和自由自在的感覺。我覺得這時的自己是最富有的。但是現代人豐富的夜生活使得在城市的清晨難覓跑步者的身影。

　　有時，我跑在城市清晨的街道，竟然不見一個和我一樣的晨跑者！城市的街道成了一幅黑白色調的死寂的街景畫面。清晨的跑步者是城市肌體裡的血紅細胞，看不到晨跑者的城市是沒有活力的城市。

　　沒有了清晨的跑步者，城市就像得了白血病，蒼白而疲乏，孱弱而空虛。

■ 2. 進入天堂的最好姿態

連續參加了幾年的馬拉松，每次我都會看到一個白髮飄飄的老者。老人的年齡在八十歲左右，仙風道骨，精神矍鑠。老人的全程成績大概不超過四小時，因為每次在十二點之前都能看到他坐在終點的場地上休息，旁邊照例圍滿了許多好奇的人，也有記者。

老人氣定神閒地邊解開鞋帶，脫下鞋子，讓辛苦了三四個小時的雙腳得到休息，邊平靜地回答人們的提問。人們驚訝老人的身體狀態，因為這時馬拉松的賽道上數以千計的年輕跑步者還在氣喘吁吁、疲憊不堪地奔跑著。

在某次馬拉松比賽中，我又看到了這位老人。他在比賽前做了個驚人的舉動。他向媒體記者和現場的觀眾展示了「遺書」。「遺書」的大意是，如果在比賽中發生意外，一切責任自負，並願意將遺體捐獻出來。老人慷慨赴跑的精神獲得了人們的尊敬。

據了解，老人從年輕時就喜歡跑步，跑步幾乎伴隨了他一生。聽說老人因為自幼體弱多病，家境貧寒，支付不起醫藥費，只能透過跑步健身來預防疾病。但我更相信，老人終生堅持跑步，絕不是簡單地為了強身健體。

一個延續幾十年甚至一生的行為，如果沒有精神上的支撐，絕不可能始終如一，持久不變。跑步給了老人長壽而健康的生命，更給了老人完整的精神世界。人們只要看看老人矍鑠的面貌就可以感受到這點。

就像馬拉松一樣，人生總有終點。老人提早考慮了這個問題，向世人昭示了跑步到底的決心。在生命和跑步之間，老人無法取捨，但他選擇了融合。當生命在跑步中消亡時，誰也說不清是生命因跑步停息，還是奔跑因生命而止步。

這是將跑步融入生命的最好注解。也許老人認為奔跑是進入天堂的最好姿態。跑步進天堂，至少會比躺著等待的人領先一步。跑步進天堂，是老人的生命宣言，也許每個跑步者都願意將此作為自己的宣言。

■ 3. 越過種種羈絆到達靈魂的彼岸

我常跑步的地方，是一條別有風味的鄉村道路，經過一座監獄、一座水庫和一座寺廟，中間還有幾個村莊。

起點在監獄的門口，一段上坡後繞到監獄旁邊的山上，然後沿水庫邊朝著水源方向，跑一段平路和緩坡；為增加距離，我在中途會拐進岔路，跑一段上坡，到頂部的村莊後，返回主線，繼續沿水源方向跑到寺廟再返回，寺廟前是水泥路的盡頭，再往前是野草叢生的古道，不適合跑步。

　　從監獄門口開始的上坡，可以慢慢熱身，逐漸進入奔跑狀態。路過水庫，寬闊水面吹來的涼風帶著水氣，沁心潤肺，可調節奔跑中軀體的溫度，降低勞累。

　　到達寺廟時，莊嚴殿宇裡傳出的暮鼓梵鐘，瞬間使疲憊的肉體獲得醍醐灌頂般的安寧平靜，讓因為長時間上坡而放慢的腳步，重新找回奔跑的節奏。

　　回程，從水庫壩頭的最高點，一路下坡，可以邁開雙腿，盡情飛奔。這時可以達到平路奔跑時無法達到的速度。那種奔跑的暢快感在這段距離中體會得最為淋漓盡致。

　　那是一種自由飛奔的感覺。

▉ 4. 平凡之路上的堅強信仰

　　每次的馬拉松比賽，都可以看到赤腳跑步者。據說腳底的穴位和身上的器官相連，刺激腳底可以對其造成保健作用。我不知道他們赤足奔跑是不是都為了這個目的，但在四十二公里多的漫長路途中赤足奔跑是需要勇氣的。

　　如果說跑步是痛苦的，那麼赤腳跑步又加重了這種痛苦的感受。在終點我看到有的赤腳跑步者腳底被高溫路面燙得發紅，被路上石子硌得流血。他們忍受了常人不能忍受的肉體痛苦。

馬拉松本身就是對肉體的一次磨難，赤腳跑步者在這個過程中忍受了身體的雙重磨難。他們自願捨棄了鞋子的舒適，也因此收穫了一般馬拉松跑步者所沒有的雙倍的自豪。

跑步者透過身體的痛苦體會心靈的快樂；而赤腳跑步者的身體在承受加倍的痛苦時，心理的滿足也在成倍地增長。身體的感受旁人看不到，心靈的體驗也只有自己清楚。所以旁人看來痛苦不堪的赤腳奔跑，赤腳跑步者卻是樂此不疲。

在馬拉松的終點，我也曾看到一個獨臂的衝刺者，穩健的步伐和結實的腿部肌肉，使他絕不遜色於其他的跑步者。我感覺他比雙臂健全的跑步者還要美麗。

他用意志的虛線為自己勾畫了一條奔跑中的擺臂，彌補了人們視線中的殘缺。他是精神上的健全者，意志上的強人。

如果說赤腳跑步者自願捨棄的是自身可以擁有的舒適，用更艱苦的肉體磨礪讓自己的精神得到昇華，那獨臂跑步者努力爭取的就是要和常人相同的願望：雖然肢體有殘缺，但精神可以和你們一樣完整。

他們的精神同樣令人尊敬，但獨臂跑步者的最後衝刺更令人感嘆：馬拉松的終點，沒有殘缺與正常之分，只有意志堅強與否之別！

■ 5. 一場跑步，一場修行

　　小的時候就聽說鄉卜有一座寺廟，因為寺廟裡有個和尚閉關三年而遠近聞名。當年和尚出關時，四周的香客聞風而至，爭相一睹其風采。

　　聽說那天和尚在出關儀式上燃脂明志，以一截斷指宣告了自己一心向佛的決心。他來到鎮上時，鎮上的人奔走相告，我那從不燒香拜佛的父親也激動萬分。

　　後來，我和母親及親友在春節也去過那裡燒香，但因為年紀尚小懾於寺廟的莊嚴，不敢多問，只是聽說那和尚後來去了新加坡，不知道是去留學深造還是講學交流，反正在那時的人們眼裡已是成就不小、風光無限了。

　　二十多年後的一個假期，我和兩個小時候的同學驅車前往那座寺廟。車子停在山下的小村，我們從一條正在拓寬的鄉村道路步行前往寺廟。當天下雨，山路泥濘。我們在雨中跋涉了二十多分鐘才到達寺廟。

　　寺廟有了鋼筋水泥建成的主殿，記憶中土牆青瓦的舊房子躲在了主殿的一側。寺門緊閉。我們走到側門時，門剛好開啟，走出一個三十多歲的尼姑。兩隻小狗隨後跟出，朝著我們狂吠。尼姑喝住了狗。我問可以進去看看嗎。可以啊，尼姑大方地說，沒有一般出家人的距離感。

　　寺廟比較冷清，沒看到別的人。大殿門口由垂地的長黃布條遮擋著。我們進去，尼姑拉開了黃布條。我們沒有拜佛的習慣，只是看了一眼大殿，裡面供著的主佛好像是觀音菩薩。大殿前的放生池裡游弋著的鯉魚吸引了我。鯉魚很大，身上有一半色彩斑斕，以紅白為主要顏色，這可能就是人們常說的錦鯉。

　　尼姑端來茶水，紅茶的顏色，帶著甜味，顯然是放糖了。我們向尼姑問起了寺裡的情況，特別是二十多年前的那個閉關的和尚。尼姑說，寺裡目前只有三個人，今天只有她在家。她來自北部，從佛學院畢業，現在還在讀碩士。我們說的閉關的和尚，從新加坡回來後就回老家了，現在在他老家的寺廟裡當住持。這裡後來又有幾個和尚閉關，其中一個是她哥哥。

　　她就是為了照顧她閉關的哥哥，才從別的寺廟到這裡來的。這個寺廟最大的問題是交通不便。雖然外面到村莊的橋修好了，但村莊到寺廟的路很窄，現在正在拓寬。修路資金要靠她到外面募集，捐款的大多是她佛學院的同學，當地人捐款的並不多。她現在要做的事就是把要拓寬的路基先打好，有東西給人看了，人家才會放心地捐款。

　　我說如今經濟發達，有錢人多，捐的錢也應該多吧。她說不是，他們捐款也是兩百多、五百多的，反正多少她都會

接受，五十塊她也不嫌少，積少成多吧。他們捐錢，我都開發票給他們的，每次都要開一大堆，就是因為捐的錢數額不大。她做了一個手勢，表示她開出去的發票疊起來有多高。

在和尼姑的談話中，我感覺她是個有事業心、會當家的人。她看我們對閉關感興趣，就說帶我們去看閉關的地方。這正是我們想看的。她取來鑰匙，帶我們從大殿邊門進入旁邊木頭建的老房子。這就是我從前來過的老的寺廟——古樸，年代久遠。

她開啟寶殿旁的房門帶我們進去。地板是現代的瓷磚，顯然是後來鋪的。房間裡有樓梯通往樓上。我原先以為閉關只是在一個房間裡。她說不是，樓上樓下都可以活動。後來怕燒香拜佛的人影響閉關，就不把寶殿對外開放了，供閉關的人活動。那當然是在新的大殿蓋起來之後。

樓上的房間裡有個擺著小佛像的佛龕，供閉關者唸經拜佛。我很好奇閉關者都在裡面做些什麼，有沒有規定閉關時要看哪些書，完成哪些功課，三年後要達到什麼程度，比如像念大學一樣，要取得文憑，表示閉關者的修行程度。尼姑說閉關者當然會看些佛學的書，但沒有硬性規定。

閉關主要是給閉關者提供一個靜心修行的環境，一個人不受打擾地修行總是比在外面更能得到感悟，至於收穫的大小就看個人感悟的程度了。閉關對於個人修行是一次難得的

機會，因為一個人閉關，需要別人為他服務，就是要有人護關，比如最起碼要有人煮飯送飯。

就是因為要給她哥哥護關，她才從別的寺廟來到這裡。閉關時用水並沒有限制，並不像傳說的那樣，一天只能用一保溫瓶水。閉關的房間裡有水龍頭，閉關者可以自由用水。在閉關房間的最後一道房門上貼著一張紙，上面寫著「非護關人員不得進入」。閉關期間，像我們這樣的人只能在這裡止步，只有送飯的護關人員才能進到第二道房門，把飯菜放在一個小窗臺上給閉關者。

閉關不是佛家修行的必要過程，但卻是感悟佛法的最好方式。也許最理想的修行就是一生都處於閉關狀態。但這在現實中是不可能的，因為沒有人會為你一生的修行護關。所以那些閉關三年的和尚也是幸運的，畢竟他的生命中有過三年純粹的修行時間。

我忽然明白自己為什麼喜歡一個人不受打擾地跑步了。當我一個人奔跑時，我真真切切地感受到了時空的存在，在沒有外界干擾的情況下，我可以輕易進入自己的精神世界，鍛鍊自己的意志，和靈魂對話。我讓自己進入了一個短暫的閉關狀態。

沒有三年，也許只有一個小時或幾十分鐘，能奔跑多久，我的閉關狀態就能持續多長時間。和佛家安靜的打坐不

同，我的身體處於運動的奔騰狀態，我的生命體徵更加靈動和強壯，我的精神和思維更加激越和迸發。難怪有人把跑步叫「動禪」—— 是運動中的禪悟，奔跑中的修行。

　　離開之前，我們都為修路捐了款，雖然不多，但那是我們的心意。因為感動於這位尼姑的慈悲心，我們願意為實實在在的善事出一份微薄之力。我還有個私心，等路修好後，我還要跑步來這裡參禪。

第四章
雜記
....

■ 1. 等待跑步的時間往往很長

人生有無數的等待，唯有等待跑步的時光讓我感覺充實而激動。生命不是在奔跑，就是在等待奔跑。

一天的等待，是為了一個小時的跑步時光；一年的等待，是為了幾個小時的馬拉松比賽時間。等待讓一天的日子和一年的生活充滿小高潮。跑步者的人生就這樣因為等待和跑步而充滿起伏，不再乏味。

跑步者的生命由跑步時間組成，也在跑步中消逝。當跑步者把跑步當成生命的一部分時，他也成了跑步的一部分。生命因跑步而開始計劃和等待。

即使在奔跑中，我們依然在等待。因為天氣和場地原因，有時我們只能在跑步機上跑步。在跑步機上奔跑的時候，心裡卻在想著運動場的開闊和奔騰。在跑步機上的奔跑是對運動場的等待。

在運動場上一圈又一圈地環繞時，一成不變的運動場景

令人乏味。我們憧憬著到野外更廣闊的空間奔跑。運動場上的訓練是對大自然的等待。

只有在大自然中奔跑，才是我們心靈真正尋找的跑步。但這樣的時光在我們的生命中占的比重太少。生活中我們真正想做的事很少，很多的時候是為了這很少的事而做了很多不得不做的事。這很少的事才是我們生活的本質。

生命中跑步的時間很短，等待跑步和為跑步做準備的時間往往很長。

2. 在路上喚醒你的回憶

人們喜歡音樂，並不只是因為音樂好聽，而是因為音樂喚起了人們的記憶。音樂的好聽只是相對的，這個人覺得好聽的音樂，那個人也許並不這麼認為。

年輕人對年紀大的人喜歡的音樂不屑一顧，年紀大的人對年輕人熱衷的音樂也聽不習慣，但他們對屬於自己年代的音樂卻都百聽不厭，這是因為熟悉的旋律常常讓他們想起最初聽到音樂時的情境，喚起他們對人生中一段時光的回憶。

這就是所謂的音樂記憶。跑步也有這樣的功用，如果你回到從前曾經跑過步的地方，在同一時間段奔跑，也會喚起你對以前跑步生活的回憶。

小時候，我在小鎮的沙土公路上跑步。幾年前回到小

鎮，我按從前的路線又跑了一遍，雙腳踩在沙子路面上發出沙沙聲，讓我彷彿回到年少時在這條公路上晨跑的時光。

只可惜後來大部分路面變成了水泥的，公路裁彎取直，改造後全然沒有了從前公路的影子，在那裡再也找不到從前跑步的感覺，雖然它變得更潔淨，更適合跑步了。

我到都市裡生活後，在從市郊到郊外的公路上奔跑了好多年，大多數時候是和一個既是小鎮同鄉也是同學的跑友一起跑。天未亮我們就奔跑在路上，經常會遇到一群早起從周圍鄉鎮趕往冷凍廠上早班的女工。

有時，在清晨月光輝映下的路邊山體的肌理影像，看起來像亞當斯（Ansel Easton Adams）鏡頭下的黑白相片。路上安靜，幾乎無車，只聽見兩人唰唰的腳步聲和有節奏的呼吸聲，「極點」到來時，我可以聽到自己快節奏的心跳聲。

那時對距離和速度充滿迷戀，每天都希望能比昨天跑得更快更遠，每次跑步都是耗盡最後一絲力氣才結束。最危險的一次跑步是一個週末的二十六公里跑。

那次跑步，開始自我感覺狀態良好，在超越上週二十公里紀錄想法的驅使下，我在跑到十公里處臨時改變計畫，把距離又延伸了三公里，這樣往返總共就多了六公里。

一路跑得還算順暢，但延長了跑步時間，讓我的肚子非常飢餓，在快到終點時，我感覺體力不支了，心臟和腦部供

血不足，頭腦發暈，嘴巴乾渴，心跳達到極限，像要迸出心房。

在離終點前一百多公尺停下來時，我感到手腳打顫，幾乎站不穩。撐著走了幾十公尺到一個賣豆漿等早餐的店鋪，我叫老闆在豆漿裡加點鹽，連喝兩杯後才緩過勁來。我確信自己剛才如果在路上倒下就再也站不起來了。

這次跑步經歷讓我後怕，後來跑步時就不再對自己有速度和距離上的要求，這樣讓我輕鬆了許多，也有心情去感受跑步速度和距離之外的其他樂趣。

郊外公路上的晨跑因為搬家而停止。之後我在新家附近一所學校的運動場上奔跑。但偶爾我也會到郊外公路上跑步，回憶從前莽撞的跑步感覺，無論是黎明前路邊山體的黑白影像，還是超量跑步後筋疲力盡的感覺，都讓我感慨時光的流逝和身體感覺的變化。

這一切因為跑步的持續，而永久儲存在我的記憶深處。

■ 3. 跑步的足跡是你的財富

跑步的足跡雖然看不見，卻是跑步者生命時空中真實存在過的生命軌跡。大自然中的跑步者也因為奔跑而使生命搖曳多姿，充滿活力。

跑步機上的跑步軌跡只是一個原地不動的圓點，運動場

上的跑步軌跡則是一個沒有終點的圓圈，而只有在大自然中
奔跑的跑步軌跡才豐富多彩、形態各異。

我喜歡戴一款可以衛星定位的跑步手錶奔跑，跑步後只
要把數據輸入電腦，電腦就會自動生成跑步時的軌跡地圖。
這種裝置使原本無跡可尋的跑步，成了可以隨時檢視的運動
地圖。

跑步者一生中無數次這樣的跑步過程，構成了他的人生
軌跡，跑步者的生命時空因此比常人更為廣闊，生命也因此
不再虛無。

跑步者用腳步拓展生命的時空，他奔跑時經過的距離，
就是生命振幅到達的高度。跑步的軌跡有多長遠，生命的振
幅就有多強健。速度不是考量跑步成就的唯一標準，距離有
時也能成就奇蹟。

我欣賞那些在極限距離中奔跑的跑步者，他們在和常人
等長的生命時間裡，到達了常人不可企及的生命空間。他們
用漫長的跑步軌跡，創造了屬於自己的生命奇蹟。

在歷史的長河中，生命只是一個圓點，但你不能說生命
沒有意義；相對浩瀚的宇宙，地球也只是一個圓點，但你不
能說地球沒有存在過。再長的跑步軌跡，從更高的空中觀
望，也最終復歸於圓點，但即使是圓點，跑步者也會因為跑
步軌跡的不同而擁有不同的狀態。

　　跑步者會因為曾經有過的跑步軌跡，而使自己的人生多樣和充滿樂趣。跑步者也因此擁有和別人不一樣的人生。

■ 4. 跑步機是無奈的發明

　　跑步是人類的本能。在大自然中奔跑是人類本能在自然中的宣洩。大自然公正無私，沒有偏心，不設門檻，無論你是貧窮還是富有，即使你沒有一雙像樣的跑鞋，赤足也一樣可以在它寬廣無比的大地上奔跑。而人類，發明了複雜的跑步機，將自己束縛於方寸之間，像小白鼠一樣機械地動作。

　　我覺得跑步機上的運動是簡化了的跑步，欣賞不了大自然的美景，呼吸不到新鮮的空氣，體會不出跑步的好心情，這不是真正的、原始意義上的跑步。

　　優美的戶外環境會產生跑步的原始衝動，但這樣的環境不是隨處可有。於是人們建造了運動場，後來又創造了跑步機。跑步機是人類受生存空間逼迫的一種無奈的選擇，是跑步環境貧瘠的象徵。

　　在跑步機上跑步動作單一，身體受力部位基本固定不變，不像在大自然中跑可以隨時調整受力部位，特別是膝蓋要承受較大的衝擊力，長期同一個動作的運動容易造成膝蓋損傷。電視劇《西遊記》中飾演唐僧的演員，就因為長年在跑步機上跑步，造成膝蓋勞損，後來經多年求醫，才治好了病。

跑步從廣闊的大自然搬到循環線路的跑道,再到機械傳送的跑步機,是一次跑步空間的濃縮過程,但這樣的濃縮,濃縮的未必是精華。空間可以濃縮,但跑步的感覺無法保留。濃縮只剩下了肉體的機械運動,而拋棄了精神上的想像空間。

我總覺得在跑步機上的運動像深加工的食品,沒有純天然的營養和口味。我更願意在大自然中奔跑,感覺這樣才能真正回歸跑步的本質。當別人在跑步機上機械地邁動雙腿時,我在戶外跑步獨享了未曾破壞的環境、新鮮的空氣和自由自在的感覺。我覺得這時的自己是最富有的。

如果不是受時間、場所限制,我最難理解的是主動選擇在跑步機上奔跑。跑步是人類的本能,居然要依靠機器來幫助實現!當本能離不開機器的時候,本能的樂趣一定大打折扣。

■ 5. 堅持並不一定有結果

「跑步使我歡愉,可是受傷卻讓我灰心。我現在隨時關注自己奔跑時的身體狀況,一旦發現有可能造成損傷,我會立即停下,絕不做無謂的堅持。暫時的放棄也是為了未來長久的堅持。跑步絕不意味著自虐。善待自己的身體終會得到它的回報。」

　　這是在一次跑步中受傷的經歷給我留下的感受。幾年前的一天，為備戰馬拉松比賽，我在星期六早上照例到公路上進行週末二十五公里跑。當天天氣涼爽，我的身體狀態良好。

　　一開始我就以比平常快的速度奔跑。那天雙腿充滿力量，起跑的感覺很好，我心裡計算了一下完成規定路程可能要花的時間，預計可以打破自己之前跑過的二十五公里的紀錄。

　　但在十公里的時候，我感到右腿踝關節有點痛。可能是速度太快，踝關節承受的壓力超負荷，從那裡傳來了痛感。但這時，我的腿部力量依然充足，呼吸順暢。我不想降低速度，失去一次創造自己最好成績的機會。

　　我心存僥倖，咬牙堅持著跑下去，心裡希望這只是暫時出現的狀況，馬上就會消失。又跑了兩三公里，痛感果然消失了，我為自己的決定而高興，慶幸剛才沒有輕易放棄。

　　又過了六公里，痛感重新出現。這時我已不想放棄，我希望它像之前一樣會馬上過去。但這次，痛感沒有消失，一直陪著我跑到了預定的二十五公里的終點。

　　我那天跑出的二十五公里成績比之前的成績減少了 2 分多鐘，但也付出了沉重的代價：右踝關節留下了長久的損傷，後面的訓練計畫泡湯，也失去了接下來兩年參加馬拉松比賽的機會。這次受傷我很受打擊，我整整停跑了一年多，

右踝關節的損傷才完全康復。

在那天的跑步中，堅持使我得到了暫時的勝利，但受傷使我失去了計畫中要參加的馬拉松比賽。對於後面的比賽而言，我是失敗了。那次晨跑給我的教訓就是：堅持並不等於勝利，不顧後果的堅持，只會導致更長久的失敗。

馬拉松強調意志力的作用，讓人相信堅持是完成比賽的不二法門。但馬拉松的堅持要建立在身體實力的基礎上，那種不顧實力的盲目堅持，只會造成身體的損傷。與其說每一個馬拉松終點的成績是堅持的結果，不如說是有選擇地放棄和妥協的結果。

一位跑友的馬拉松經歷很能說明這種辯證關係：

「2006 年的馬拉松，我計劃在比賽中跑出 3 小時 10 分的成績，達到馬拉松運動員的標準。

「比賽一開始，因為受到現場氣氛的感染，我以高於自己預計配速每公里 4 分 20 秒的速度奔跑。

「到 18 公里時，我感覺左膝蓋隱隱作痛，我知道是速度太快引起的，就馬上降低速度，調整動作，盡量不讓左膝受力。直到把速度降至每公里 4 分 50 秒左右時，膝蓋的痛感才消失。我知道這次比賽沒辦法達到自己預期的目標了。

「三十公里過後，由於高溫天氣體力消耗過大，雙腿力量明顯減弱。再保持較快的速度奔跑已是不可能，我的速度一

度降至每公里 6 分 50 秒。這時我已不去想比賽前的目標了，只希望自己能順利到達終點。

「那次比賽，一路上盡是因速度太快而中暑倒下的人。幾名黑人選手因不適應高溫天氣，也中途退出了比賽。在剩下的路程中，我一再降低自己的速度標準，在膝蓋傷痛復發時，甚至還步行了兩公里。那時我在心裡想，只要能到達終點，什麼情況我都願意妥協。

「就這樣我跌跌撞撞地跑到了終點，同時超過了 4 小時。但我慶幸那天明智地調整了目標，完成了比賽。當時如果我繼續按原來的速度堅持下去，也許我也會成為倒下的一個。」

跑步的堅持要建立在身體的能力範圍之內，沒有體能基礎的堅持只會使身體受傷。不顧身體的客觀能力，一味強調意志的作用，也許能在一次跑步中堅持下來，但卻會給身體造成長久的傷害。單從為了恢復身體而不得不停練的時間來看，也是得不償失的。

到達終點的馬拉松都是不斷妥協和目標修正的結果。跑步如此，人生亦是如此。那些在馬拉松的途中倒下的，大都是不會妥協的人，以自己不可能持續下去的速度奔跑，結果只可能是倒下，永遠不可能是終點。

第五章
受難

■ 1. 身體透支很可怕

透支在運動中主要是指運動過量。跑步者在自我感覺狀態不錯，或者身體狀況不太好，但在意志的作用下，跑了超過平時跑步的距離，或在全程平均速度超過了平常速度時，都有可能出現透支。

大多數跑步者都曾體驗過透支的感覺：出汗不止，身體某一部位持續地痠痛或痙攣，頭腦空白，想睡覺，身體能力一點兒一點兒地喪失，精神狀態跌落谷底，負面情緒出現，甚至會有「我可能要死了」的想法。

透支在肉體上是痛苦的，但在透支運動中，跑步者可能超常發揮地跑了比較遠的距離，或以比較快的速度完成了規定距離，從而在心理上產生愉悅感和成就感。

這些感覺可以激勵跑步者，但也蘊含著危險，一方面可能會讓跑步者厭倦跑步；另一方面如果透支後得不到調整和休息，對跑步者身體造成的損害是無可避免的。

　　透支發生在一次性運動中，也會反映在一個人的運動生涯裡。某年在馬拉松賽上遇一老者，滿頭白髮，一臉疲憊。交談得知，他一年要跑好幾場馬拉松，還義務獻血。跑馬拉松和獻血為他帶來了榮譽，老人無法停下。

　　但老人的長相明顯比實際年齡要老。我明白老人的生命透支了。人生的馬拉松也需要在有計畫的配速中勻速前行，任何力不從心的提前加速只會使未來的路程更加艱辛，甚至會讓你提前出局。

　　專業長跑運動員往往在三十歲左右就結束了運動生涯，而業餘跑步者卻可以持續幾十年，甚至一生。

　　專業運動員在青年時代經過超強度的訓練，體能迅速透支，隨著身體的受傷、心理的疲憊和精神的耗竭，他們早早地結束了自己的運動生涯。

　　而業餘跑步者把跑步當愛好，他們和跑步保持著一段距離，在身體上沒有透支，也不曾厭倦過跑步。這個愛好細水長流般地伴隨他們幾十年，成為他們生活的一部分。

　　所以無論是在某次跑步運動中，還是在終生的跑步生涯裡，跑步者都要掌握一定的度，和跑步保持一定的距離，不必狂熱地讓自己的身體透支。

　　有計畫的勻速是長距離奔跑中能節省體力堅持到底的真諦，也是人生路走得長久的保證。

■ 2. 專業不一定最合適

馬拉松有專業教練，但專業教練只是針對專業水準的運動員，並不適合業餘跑步者。

跑步有許多訓練方法，但對於成年跑步者來說，不可能也沒有時間嚴格按制定的訓練計劃去做。只要不受傷，適合自己的身體強度，能讓速度和耐力得到提高或保持，都是好的訓練方法。

業餘跑步者的體能基礎和專業運動員根本不在同一層級，按專業運動員的訓練標準，業餘跑步者可能一組都無法完成，更不用說完成運動量超大、詳細瑣碎的整個訓練計畫了。

關於馬拉松的書籍大多為國外退役的專業運動員所寫，書中大都是頂尖運動員的訓練計畫，對業餘跑步者不具有多大的參考價值。只是一些訓練的原則和方法可以讓跑步者作為參考，具體的跑步經驗和感受有待跑步者自己去體會。

沒有針對業餘跑步者的專門教練，所以跑步是業餘跑步者無師自通的運動項目。對於專業的訓練計畫，只能根據自身條件去吸收、改造，在自己可支配的有限跑步時間裡，有選擇地遵照一兩項內容進行訓練。

專業的訓練課把跑步計畫安排得密密麻麻，業餘跑步者

每天僅有一個多小時的鍛鍊時間，根本沒辦法按計畫一一執行。即使有時間，受體能和運動基礎的限制，業餘跑步者也沒辦法全部完成。

換句話說，一個多小時的時間，做不了幾種練習，根本沒必要用計畫來一一列出。業餘的事用專業的計畫，反而把問題搞複雜了。

跑步者只要記住，能跑步就好，跑步中能快樂就好，不要去刻意追求跑步的速度，一切問題即可迎刃而解。

▓ 3. 學會休息讓跑步更輕鬆

休息被看做是跑步的四大要素之一，其他三項是耐力、速度和力量。俗話說，不懂得休息就不能更好地工作。跑步也是一樣，不會休息也就不能更好地跑步。在某種程度上，休息甚至被看做和訓練一樣重要。

跑步就是肌體內肌肉組織不斷被破壞和重組的循環過程。休息是肌肉組織得以重組的重要環節，如果缺乏休息，肌肉組織一直處於被破壞的狀態，沒有重組，就會造成肌肉的損傷。

組織重組後比原來的更加強壯。這就是為什麼有時候休息之後再跑步時，感覺身體能力提高了許多，速度不但沒有降低，還有了明顯的提高。

PART1
獨白

　　對於大多數跑步者來說，休息是不大情願的事。一些專業運動員也是在被動休息時——受傷後不得不停下的休息——體會到了休息的益處。休息後重新跑步時，他們發覺身體的運動能力比之前提高了。

　　這種意外發現，讓運動員逐漸有意識地利用休息來恢復身體能力，進而提高運動成績。

　　以前有種錯誤的說法「天天鍛鍊身體好」，受它誤導，大多數跑步者習慣於天天跑步。這樣做的明顯壞處就是身體出現疲勞時，人們不知道是什麼原因，往往把它歸結為生病，結果反而讓自己對鍛鍊失去信心。

　　雖然業餘跑步者的訓練強度沒有專業運動員大，但也需要透過適當休息來調整身體狀況。一般一週要有一到兩天的休息時間，沒有必要一週連跑七天。

　　明白這個道理後就不會因為一兩天沒運動而覺得自己意志薄弱了。如果身體實在感覺疲勞，甚至可以讓休息時間達到三天。

　　休息並不等於完全停跑，可以做些其他類型的低強度訓練，如用踩腳踏車、慢速游泳等有氧訓練替代跑步。

　　最好要有一天完全休息不運動，這樣可以讓身體內未發作的隱性損傷得到有效恢復。從長遠看這是有益的。這也是善待自己身體的一個小舉動，將來會得到回報的。

　　休息時還可以採取一些非運動手段幫助肌體消除疲勞。對肌肉組織進行深層按摩就是一種有效手段。常年奔跑會使體內微觀組織生成或大或小的疤痕，有經驗的運動按摩專家透過深層按摩可以使你快速恢復體能，同時還能提高跑步成績，延長運動壽命。

　　休息期間，還要注意日常生活方式對休息的影響。休息時需要真正的放鬆，如果用其他的生活內容填滿了休息的時間，這樣的休息就失去了其意義。

　　對於年紀大的跑步者，休息有另一層含義：不要太經常參加跑步比賽，特別是 50 歲以上的跑步者，每年參加馬拉松比賽的次數不要超過兩次。即使你的長跑才能天生優良，太頻繁的長距離跑步比賽也會讓你的運動生涯縮短。

　　生命在於運動，但運動也需要的自律。

▉ 4. 有效避免跑步帶來的損傷

　　和其他對抗性運動相比，跑步顯得安全多了。

　　跑步的損傷，很多時候是因為不懂得休息，不懂得如何避免傷害。跑步時要有張有弛，肌體興奮時也要注意任何有可能引起受傷的苗頭。這才是正確的健身之道。

　　為了成績或圖一時痛快而付出身體的代價得不償失。鍛鍊時要時時關注身體狀況，畢竟健身才是目的，成績只是副

產品。善待身體,身體也會回報你的理解。

　　跑步需要對抗的是跑步者自身體重產生的地心引力,這個過程最容易受到損傷的部位是腿部。每個跑步者不可避免地要面對損傷問題。

　　經過大量練習或從不運動的人運動後身體某一部位會出現痠痛,這種感覺一段時間後會消失,這只是一種模糊的不確定的痛感,還不是損傷。當這種痛感累積下來,成了持續性的疼痛時,肌體就出現了損傷。

　　這時最好的辦法就是停止運動,至少是停止損傷部位的運動。我體會過受傷後想跑不能跑的那種痛苦。損傷後如果繼續跑步,只能造成這一部位更嚴重的損傷。

　　無休止的跑步會導致肌肉損傷。大運動量的練習和快速的奔跑會促使損傷更早地到來。損傷的技術原因是運動過量或跑步姿勢不正確,但根源卻在跑步者的思想。

　　跑步者過於追求距離或速度,是造成損傷的思想來源。我也有過受傷的教訓。幾年前一次晨跑練習中,為達到自己預計的目標,我堅持帶傷跑完全程,結果造成右腿踝關節部位損傷,導致一年多不能跑步。

　　這次受傷,使我的運動能力急遽下降。本來是為了追求速度,反而「欲速則不達」。這次受傷使我對跑步有了一種淡然的心態,不再以追求速度為目標。在後來的跑步中,一旦

發現有損傷的預兆，我會馬上減慢速度，調整跑步動作，如果這些還不能減輕傷痛，我就會毫不猶豫地停下來。

跑步中速度的提高和時間的延長打破了身體原有的平衡，很容易使薄弱部位出現損傷。跑步者只有在思想上放棄一味追求速度和距離的功利想法，回歸追求快樂和健康的本意，才有可能免受傷害。

損傷的徵兆出現後，馬上降低速度或停止跑步，看似損失了一次計劃好的跑步機會，卻避免了受傷後不能跑步的遺憾。積極避免損傷的代價，遠遠比損傷後恢復身體的代價小得多。

5. 跑步中的呼吸和極點

跑步時三步一呼三步一吸，或兩步一呼兩步一吸。盡量用鼻子呼吸，在鼻子呼吸不過來時，才用嘴幫助呼吸。這時，嘴要半張開，輕咬牙，舌尖抵住上顎，讓空氣從牙縫裡進去，不能張大嘴吸氣，以避免冷空氣刺激咽喉、氣管而引起咳嗽。

這是跑步中呼吸的一般方法和原則，適用於中速以下的勻速跑。但是呼吸一成不變的跑步達不到運動效果，只有呼吸發生變化時才會刺激身體，提高運動能力。

跑步中隨著時間的延長，距離的延伸，呼吸會越來越急

促，不可能一直保持一種狀態。特別是極點到來時，呼吸急促，氣息變短，這時的呼吸，不可避免地要口鼻並用，盡最大力氣呼吸，保證身體的供氧能力。

此時，只要能闖過極點，能讓自己舒服的呼吸方式都是正確的，怎麼舒服就怎麼呼吸。這時呼吸的關鍵，是要盡力吐出肺裡的殘氣，呼得越多，吸得也越多，身體就能從更多的新鮮空氣裡得到更多的氧。

有人在這時會不由自主地發出喘氣聲，其實喘氣聲也是一種助力方式，既幫助肺部撥出更多的廢氣，又讓疲憊不堪的四肢更有力量。不要為發出聲音不好意思，不要在意旁人的目光。

只要能減輕痛苦，跑道上的任何舉動都是合理的。喘氣聲不僅能釋放痛苦，也是在宣示快感。

極點是一種運動高峰的體驗，痛苦中也會有快感。極點來時，勇敢面對它，細細地體會這種來自肉體深處、刻入身體的感覺，就不覺得它是一種痛苦了。像登頂前的衝刺，有精疲力竭的難忍，也有一步一步將山峰踩在腳下的快慰。

有了快感你就喊！喊叫會讓你擁有雙倍的快感，讓極點去得更快些，讓衝刺來得更猛烈一些。

■ 6. 跑步不必追求速度

　　跑步讓人自信，但也有人會產生自負感。有的人因速度快而自負，有的人以資歷深而自負，但如果不能體會跑步中的感受，快跑和慢跑有什麼區別？初次跑步的人和終年奔跑的人有什麼區別？有什麼值得自負的呢？如果跑步是一座礦藏，那麼速度和資歷就是伴生物，快樂和體會才是我們真正要尋找的寶藏。

　　提高速度不是跑步的唯一目的，只是跑步帶來的樂趣的一種。跑步者達到一定的速度以後，總喜歡和別人比較速度。每當他們在面紅耳赤地爭論誰比誰跑得更快時，我總覺得像是十多歲的小孩在爭論誰比誰更能打架。

　　這些爭論的人中不乏五十多歲的跑步者，他們認為跑步就是競爭，就是在與年輕人一決高下。如果輸了，他們就會悶悶不樂。我相信他們有超出常人的跑步速度，但這樣以速度為輸贏的比賽，不是我理解的跑步。

　　如果這麼在意速度，去當專業運動員應該更合適。速度是運動員追求的唯一目標，而不應被業餘跑步者當成唯一目標。業餘跑步者的成績再好，在專業運動員的面前都不堪一比。單純比較速度，專業運動員的成績會讓跑步者幾十年跑步生活的意義蕩然無存。

　　速度並不是跑步的全部，提高速度只是跑步樂趣的一種。如果你找到了其他的跑步樂趣，完全可以忽略速度要求。專業運動員為了成績導致傷痛，業餘跑者追求身心的和諧而擁有快樂。

　　雖然跑步並不一定強調速度，但有時候跑步的快樂和速度有關；人生的快樂也不在於成就大小，但有時人生的快樂與成就相連。不一樣的速度可以體會不一樣的跑步感覺。

　　馬拉松跑 4 小時的選手和跑 3 小時的選手感受一定不同。因為他們在途中超越的跑步者、經歷的身體變化和最終收穫的跑步結果不同。

　　每次的跑步練習，我都會頻繁地看手上的計時錶，我在尋找每一次跑步的意義。我不和別人比賽，只是和之前的自己比較。我要看看同樣的距離，速度是不是提高了；如果沒有提高，我的身體感覺是不是更好；按照同樣的速度，我是不是可以延伸更長的跑步距離。

　　我在時間和距離的計算中找尋樂趣。這一切的樂趣要以一定的速度為基礎，如果速度慢得比走路快不了多少，這一切的計算將失去意義。

　　跑步的有些感覺也只能在一定的速度裡才能體驗。跑步者常說的「飄」的感覺，必須在不低於中等速度奔跑時才能

感覺得到。中速跑沒有一定的標準，只是相對於跑步者自身的能力而言。

速度因人而異，中速更準確地說應該是跑步者在自身中等強度刺激下的速度。也許有的人 6 分鐘一公里的速度就達到了中等強度刺激，而有的人要 4 分鐘一公里的速度。

中速跑才有奔跑的感覺。長時間的中速跑，使手腳動作白如地反覆，呼吸形成固定節奏，人感覺越跑越輕，到後來手腳好像不存在一樣，動作飄浮，這就是「飄」的感覺。

「飄」是身體不由自主、思想進入空明的狀態，讓人興奮。但隨之而來的耗竭體驗卻讓人墜入痛苦的深淵，前後的感覺冰火兩重天。這是一種痛並快樂的感覺。

跑步者並不只有跑步。若生活都無著落，跑步又有何意義？在跑步和生活中找到最佳平衡的人，才是跑步者的最好榜樣。當有人以狂人的姿態進行跑步時，他完全曲解了這項運動。

理性跑步，健康生活。

跑步可以健身，可以減肥，透過它可以得到健康，可以緩解壓力。這是很多初跑者選擇它的原因。

第六章
蛻變

■ 1. 像一個哲人那樣去跑步

有人問我跑步時在想什麼。也許不能像村上春樹那樣想出一本書,但跑步常使我思維活躍,許多平常讓我糾結的問題這時都突然想通了,我覺得自己這時更像一個哲人。

我覺得跑步是一種富於哲理的運動。它簡單,直接作用於人的心肺功能,更能直達人的心靈!例如跑步過程中安多酚(Endorphin)的釋放,給人以鎮定感和幸福感;跑步令人在精神上產生愉悅感,等等。

許多跑步者在奔跑的過程中,都在不斷創造樂趣,這也是那些已經開始跑步的人能夠堅持下來的原因。

跑步鍛鍊了我們的心肺功能,使我們有一個健康的身體。跑步不需要像其他運動項目那樣學習許多運動技巧才能對身體有益,而是直接作用於心肺,讓人不打折扣地感受到運動效果。

跑步讓我們的大腦釋放安多酚,使人產生幸福感,也就

是所謂的高峰體驗。這是現在跑步者最普遍的認識。可能有些高水準運動員都沒有這種體驗，他們為了保持最好的表現，需要不斷調節身體器官的系統功能，容易在潛意識中忽略這種高峰體驗。

把跑步作為愛好的跑步者比專業選手更能從跑步中體會到樂趣。唯一的不利就是，因為直接、簡單，在運動過程中容易感到枯燥乏味而難以堅持。但跑步還有其他樂趣可彌補這種不足。

跑步使人思維活躍，產生哲理性的思考。像美國喬治·希恩（George Shinn）的《跑步聖經》（*Running&Being:The Total Experience*），日本作家村上春樹的《當我談跑步時我談些什麼》都是這類思考的產物。普通的跑步者也可以在跑步中得到一些生活啟示。

在網路上，可以看到跑步者跑步後寫的一些感受與感悟，雖然沒有作家的文采、哲人的深刻，但也可以看出跑步使他們產生了對生活的啟示性的思考。跑步這一簡單的運動，蘊含了許多深刻的道理，只要做個有心人，就不難在跑步中品嘗出人生百味。

跑步讓人產生自信和成就感，使人給自我以積極的評價。許多人在跑步中發現自己竟然可以做到從前想都沒想過的事情，比如征服超過常人認知的跑步距離。

　　一個在生活中許多方面都不如意的人，可能會在跑步中對自己的身體能力有全新的認識，從而讓自己在生活中重拾信心。

　　看看馬拉松終點那些結束馬拉松全程奔跑、舉著成績證書的跑步者臉上洋溢著的滿足和自豪，你就明白這些剛剛經歷過肉體煎熬的人，在精神上對自己的肯定超越了他之前在人生中的自我評價。

　　對有的跑步者而言，跑步帶給他的是一種生活方式的改變。跑步使人遠離菸酒，改善了生活環境；跑步還能使男人更性感，女人更美麗。這絕不是一句空話，這是跑步產生的安多酚使人對自身和異性做出積極評價後的良好表現。

　　跑步使人性中的善良一面得到發展。跑步者大都有孩子般年輕的心態和善良的性格，對抗和比拚不是業餘跑步者的追求。

　　跑步者需要戰勝的對手是自己。跑步動作簡單、重複的特點塑造著跑步者單純的個性。在跑步的過程中，跑步者只關心呼吸、擺臂、蹬腿、身體的即時反應。

　　跑步者往往能在跑步的簡單中自得其樂、超越自我，從而使身體各個機能發揮到極致，達到健康的好效果。

■ 2. 擁抱生命中最純粹的時光

　　你要學會享受跑步時光，像孩子一樣投入地進行這項身體遊戲，沒有世俗雜事的煩擾，大口呼吸，盡情飛奔，在不停的奔跑中感受時間的流逝。

　　這是你生命中最純粹的時光，面對自己的身體，切實地感知精神的力量，意志的作用。跑步是一種生活方式。當你開始在生活中計劃跑步時，跑步就成了你生活的一部分，你的生活也成了跑步的一部分。

　　當某一天沒跑步時，你會覺得生活缺少了什麼，只有跑步了你才會覺得心裡踏實。跑步讓你內心獲得安寧。清晨起床你的第一件事就是跑步，跑步回來會覺得神清氣爽，一整天都精神愉快、心情舒暢。

　　跑步讓你的一天有了良好的開始。擁有清晨，你會覺得擁有了一整天。你站在了一天情緒的最高點，體內充滿了活力。你可以自如地掌控自己的情緒，讓它變得積極快樂，充滿力量。

　　為了晨跑，你需要早起。你在前一天晚上就準備好了第二天跑步的衣服和鞋子。你計算著時間，絕不讓自己熬夜，時間一到，你就上床休息。你為此有意識地推掉了晚間的一切社交活動，只為第二天的晨跑保留充沛的精力。

你的生活中多了一群人,他們也是跑步者。你們並不經常來往,可能只是清晨道路上奔跑相遇時,一聲招呼,一個問候的手勢,但你們卻彼此相知。

一段時間沒有在奔跑的路上遇見,你們就會惦念對方。有了跑步比賽和活動,你們會互相提醒,一起參加,不為名次,只為那一份屬於跑步者的熱鬧。

除了跑步的訓練時間,休息時你還會在心裡惦記著跑步,回想跑步時的感受,計劃著跑步時要達到的速度,期待著下一次跑步時間的到來。

如果你準備參加馬拉松比賽,就會做一個長期的計畫,準備時間將長達幾個月甚至一年。正因為有這些計畫和期待,你的生活才變得更加充實。

跑步在無聲地改變你的生活。跑步使你上癮。跑步讓你的生活規律,讓你每天習慣性地開始跑步。

你也許練過武術,打過籃球,游過泳,但真正走入你生活的卻是跑步。這些年輕時讓你興趣盎然、樂此不疲的運動項目,在你年長的時候,卻會覺得興味索然,太過複雜。

閱歷的增長讓你明白簡潔才是本質。運動就是鍛鍊心肺能力,不必做過多的動作。跑步帶給你簡單的快樂,這和你的生活經歷相符。太過複雜的事情,到最後往往會失去快樂的依託。

生活使我們變得複雜，但跑步會把我們拉回簡單之中。在生活糾纏不清的時候，我往往是在跑步時簡單的一呼一吸中理清了思路，找到問題的癥結所在。

簡單的生活，往往更容易產生快樂。

▌3. 體育的根本精神是什麼

《賽跑者世界》（*Runner's World*）主編喬·亨德森（Joe Henderson）曾說：「我們寧願看到有一萬人在跑道上用七分鐘跑完一英里，而不願看到一萬人坐在看臺上觀看一個人以三分五十秒的成績跑完一英里。」

這才是體育的根本精神，也是倡導體育的目的。體育不應是造星運動，也不是只供欣賞的娛樂產業，而應是人人參與的健身活動。只有在全民中培養了終身鍛鍊的體育精神，體育才成其為體育。

能夠承擔這種體育精神的運動，也只有跑步這項簡單易行的全民運動了。男女可行，老少咸宜，沒有技術門檻，不需運動成本，跑步是一項真正的大眾運動。

▌4. 在跑步中尋找人生的答案

有沒有發現，好像在一夜之間，身邊的人都在跑步。

阿甘（Gump，電影《阿甘正傳》主角）在跑步，村上

春樹在跑步，股神（巴菲特，Warren Edward Buffett）在跑步，美國總統在跑步。最要命的是，身邊比你身材好的、性格好的，都在跑步。而你，還在糾結每天要去吃什麼。

有的人為了減肥，有的人為了挑戰自己。雖然空氣普遍不好，但是擋不住大家的跑步熱情，所以那款號稱「總統慢跑鞋」的 NB（New Balance，運動品牌）鞋才能熱賣。

跑步競賽最早是古希臘人發明的，古代第一屆奧運會上就已經有了短跑項目。「馬拉松」這個名稱的由來，也跟希臘有關。雅典人在馬拉松海打敗了波斯侵略者，士兵菲迪皮德斯（Pheidippides）狂奔 42.195 公里回雅典報訊，馬拉松運動的名稱和公里數因此而來。

在奧林匹亞阿爾菲斯河岸的巖壁上，至今還刻著古希臘人的一段格言：如果你想聰明，跑步吧！如果你想強壯，跑步吧！如果你想健康，跑步吧！

跑步運動的真正興起，其實是近 100 年的事，據說是對壓抑枯燥的工業社會的反抗。最著名的例子是電影人物阿甘，有人問他：為什麼跑步？阿甘很酷地說：Just run。

所以，你應該知道為什麼很多領導人都喜歡跑步，比如美國的多位總統。跑步時，可以展示身材，長腿總統，這是多麼加分啊。

不但政界領袖喜歡跑步，商界菁英同樣看重跑步。美國

股神巴菲特在挑選接班人的時候，據說能不能跑步也被列入考量中。在最熱門的兩位接班人的履歷表中，有這樣一欄明確寫著：泰德‧韋斯勒（Ted Weschler），馬拉松最好成績為 3 小時 1 分鐘；托德‧康姆斯（Todd Combs），特長是鐵人三項全能運動，5 公里跑步的最好成績是 22 分鐘。

看到了沒有？這些會跑步的強者，意志力肯定都是非常強的。能忍受跑步的枯燥，就能忍受炒股時的枯燥。要知道，在炒股中，堅定的意志才是真正的大殺器。

巴菲特說，人生的很多問題，跑步都會給你答案。42 公里，應該能給你足夠多的答案。

文壇領袖愛跑步的，同樣不乏其人。最有名的當屬村上春樹。寫作其實和炒股類似，都要忍受長時間的孤獨，沒有堅強心智的人，很難堅持到最後。村上春樹說，對自己身體的尊重，使得你也可以尊重其他人。愛自己，你才能愛世人。這是文學牛人對跑步的文學總結。

身邊跑步的朋友都對我描述過同一個感受：跑步有癮。大汗淋漓，身體毒素被排出，腦垂體分泌安多酚，身體有一種被感動的愉悅。你跑啊跑，就這樣一直和快樂約會。更深層的快樂，其實發生在精神層面。無論何等微不足道的舉動，只要日日堅持，總會變得偉大。

有個經常跑馬拉松的朋友對我說，在 42 公里多的過程

中,身體有的器官關閉了,有的器官則開啟了。你可以感受到與平時完全不一樣的感覺,這些反應引領著他一次又一次去跑馬拉松。

和古希臘時代相比,今天的物質條件已經無限提高,但是在精神領域,沒有誰敢說已經超越了古人。人性依然不變,愛恨情仇依然每日發生,寶馬香車也沒有讓你更加幸福。這時,跑步就像聖經一樣,成為很多人簡單的信仰。

古龍筆下的高手,唯快而已。跑步的高手,唯堅持而已。跑步,何其類似人生。超越了昨天的自己,哪怕只是那麼一點點,都是你繼續堅持下去的理由。在長跑中,如果說有什麼必須戰勝的對手,那就是過去的自己。在一條只有你自己的小路上,沒有朋友,沒有對手,有的,只有沉默呼吸著的自己,伴隨著汗水和快樂,直到人生的終點。

■ 5. 成為跑道上的自在舞者

跑步其實就是一場舞蹈,在健身房的跑步機上有音樂的伴奏,而室外的跑步沒有伴奏,只有呼吸的節奏和四肢的節拍。節奏是跑步的靈魂,掌握了節奏,才能真正享受跑步。

跑步動作雖然有點單調,但形體和「舞姿」並不難看。舞蹈裡的節奏在跑步裡應有盡有,甚至跑步也有「舞伴」。

跑步的「舞伴」之間沒有身體接觸,只能聽到彼此的呼

吸和腳步聲。「舞伴」在慢跑時還可以用語言交流，中間階段是呼吸聲的呼應，跑到後面則要靠性情的默契才能一起堅持下去。

如果是在寧靜的清晨奔跑，兩人可以清晰地聽到彼此的呼吸聲。呼吸一致，說明兩人的跑步節奏接近，此時聽著彼此的呼吸聲跑步，像踩著音樂節拍跳舞。

如果呼吸節奏不一致，就像亂了節拍的舞蹈，很可能會像踩了對方的腳一樣讓彼此不舒服。這時就需要兩者調整呼吸，盡量適應對方的節奏。

和跑伴一起聽著呼吸奔跑，這是跑步時最舒服最享受的階段，可以感覺到彼此之間的照應，暫時消除跑步過程中的孤獨感。跑步能力強的一方，像舞蹈中的男士一樣，發揮主導作用，會適當降低速度，盡量適應對方的節奏。跑步能力弱的一方，則會在對方的帶動下，不知不覺提升速度，進入平常一個人跑步時達不到的狀態。

如果生活中還存在一種不用語言表達，只需要默默待在一起的狀態，那就是在跑步之中了。兩個跑伴能伴跑多遠，就看雙方在速度、呼吸、節奏、步幅步頻上的協調能持續多久。

兩個跑步能力相差不大且性情默契的人，即使「極點」來臨，仍然會在各自默默忍受身體的痛苦時，在精神上一路

扶持著奔跑下去。而性情迥異者,則很難相互堅持。急躁的
人會提高速度,在短時間內結束跑步;性情溫和的人則會降
低速度,調整呼吸,繼續奔跑。

　　我把每天的跑步當成一次舞蹈。根據身體狀態的不同,
我在不同的節奏和旋律下起舞。慢跑是輕柔的華爾茲,快跑
是剛勁俐落的探戈,衝刺是猛烈的搖滾。

　　跑步就是這樣,一個人時是獨舞,兩個人時是雙人舞,
一群人時就成了集體舞。愛熱鬧的人喜歡集體舞,有跑伴的
人選擇雙人舞,孤獨的跑步者則常常是一個人的獨舞。

第七章
自由

··

■ 1. 感受宇宙的平等與自由

跑步一視同仁地給予每位跑步者快樂。你投入多大的精力，就會在跑步中收穫多少快樂。快樂不會因為你富有而增多，也不會因為你清貧而減少。快樂取決於你內心的追求，與身分、地位、財富無關。

跑步是一項平等的運動。越是發達的國家，參與跑步的人越多。參加跑步的人群中，三教九流，社會各階層的人都有，一些國家和地區的領導人甚至也參與其中。

美國前總統柯林頓（William Jefferson Clinton），就是跑步的忠實愛好者。他推崇《跑步聖經》，把它的作者喬治·希恩奉為導師和思想家，把參加一次馬拉松作為他退休生活的目標之一。

跑步是一項平民運動，它幾乎不需要多大花費。游泳要買門票，高爾夫要收會員費，武術要交學費，即使是籃球，也要買個籃球，有個球場。跑步把這些費用全省了，也不需

要你太多的其他投入。即使你有所講究，也只要一套短褲背心，一雙跑鞋，再加上一塊計時的手錶就足夠了。一些赤足奔跑的人，甚至連鞋子也省了。

跑步的過程展現了平等，馬拉松運動更是如此。當幾萬人站在馬拉松跑道的起點時，每個人的差別降到了最低。沒有人會考慮你是從事什麼職業，銀行裡有多少存款，買了幾套房子，平常開的是什麼車，每個人關心的是儘早地回到這個出發的地方。這裡是起點，也是終點。

在這裡，時間是區分每個人的唯一標準。在愛好者之間，男女甚至消弭了差別。在奔跑的途中，個子嬌小的女性超越彪形大漢的情景常有出現。這就是跑步，一項真正平等的運動。

跑步的過程也是讓人感受自由的過程。追求自由是人的天性。跑步意味著擺脫桎梏，是對自由最直接的觸控。

因為地心引力的吸引，人的肉體難得自由；因為人類社會法律和道德的約束，人的行為難得自由。人類需要自由就像潛水的人需要空氣，只要有機會就會努力吸上一口。

人類在運動中用各種飛奔、跳躍的動作來表達飛行的願望。雖然每個動作都以掉落地面為結局，但短暫的跳躍滿足了人類獲得自由的追求。

奔跑時的每一次騰空都是軀體暫時獲得自由的瞬間。長

時間奔跑累積的自由時刻是可觀的。自由沒有絕對的時空，但在跑步這個相對的時空裡，奔跑者獲得了自由。

你能跑多快，跑多遠，決定了你在跑步時能感受到的自由的程度。這時限制你自由的，不是人類社會的法律制度和道德規範，而是你自身奔跑的能力。這時在你身上發揮作用的只有自然規律，能克服多大的地心引力，你就能得到多大程度的自由。

■ 2. 不再為跑步而跑步

很多人看怕了運動員揮汗如雨的苦練，對跑步望而止步。他們大都混淆了運動員和跑步者的區別。運動員在意成績，追求速度；跑步者則注重感受，追尋體驗。

速度帶來刺激卻容易消逝，體驗得到的快樂往往能夠長久。所以很多專業運動員青春一過，便遠離跑道；而跑步者則能把跑步作為愛好，終身參與。

如果運動員只求快樂，不問成績，肯定不是一個好運動員；而跑步者放棄快樂，貪求成績，則一定會感到煩惱。身分不同決定目標不同，追求亦不同。運動員的成績，跑步者難以企及；跑步者的執著，運動員也不能與之相比。

李小龍曾說過練武的三個境界：一拳不是一拳；一拳只是一拳；一拳不過是一拳。我覺得跑步也是如此：剛開始

時，我們太在意跑步之外的東西，跑步還不是跑步；後來體
會到了跑步的樂趣和益處，跑步只是在跑步；再後來，體會
過跑步的激情後，發現跑步不只是跑步，我們可以在跑步中
發現一個闡釋生活的嶄新視角。

剛開始跑步，我們想超過別人，想在比賽中獲得勝利，取
得名次，得到獎勵，受到關注。我們急躁冒進，常被場地、時
間、天氣困擾，還因為沒有合適的運動服、跑鞋而煩惱。

我們貪多求快，總想跑的距離更長，速度更快，總想做
超出能力範圍的事情，卻極易在跑步中受傷。傷痛使我們止
步，成績倒退，感到沮喪。我們不知所措，反而一次次懷疑
跑步的動機。

剛開始跑步像企求能活下去就行的窮人，只要能跑下去
就滿足了，對生活不敢奢望但又懷著不甘心的企求。當你提
高了跑步的能力，認識了自己的身體，懂得了提高速度的
竅門，間歇訓練、碳水化合物、損傷耗竭這些概念用得熟稔
時，只要有時間就沒有什麼能限制你了。

當你可以自如地奔跑時，你也成了跑步的富人，而當在
隨意的奔跑中思如泉湧時，你才是跑步的哲人。

太早想著終點，會讓我們忽略過程的美好；一路期待成
績，只能讓身體感覺麻木；總在盼望早點到達目的地的旅
程，往往不能欣賞旅途的美景。當某段時間，我們讓身體好

好休息，放慢了奔跑的腳步時，會突然發現奔跑之中其實還有很多的樂趣。

我們體會到了跑步時的自由感覺，欣賞到了自己奔跑中的身姿，感受到了跑步中的友誼，體驗到了奔跑後身心融洽的圓滿；我們便不再為速度煩惱，我們學會了理性奔跑，不再受傷痛困擾；我們的身體在跑步中重新占據了主動，不再被雙腿拖得疲憊不堪。

當一切安置妥當，我們的心智開始主宰奔跑，技術性的跑步退居其次。我們不再受跑步中的問題困擾，跑步成了我們有規律的生活方式。在跑步的快樂中，我們開始學會哲學的思考。

我們不再為跑步而跑步，因為跑步點燃了我們思想的火花，我們的思維超越了跑步，跑步時我們往往會沉入對生活的奇妙冥想中。這冥想給我們帶來了對生活的嶄新感覺。跑步已不只是跑步，它成了給我們的未來人生帶來繼續生活的勇氣和動力的生命伴侶。

■ 3. 純淨無雜質的生命形態

生命由時空界定。跑步是跑步者感受生命的最好形式 —— 隨著時間的流逝，跑步者的腳下也在不斷拓展空間。當然在跑步機上的人除外。

真正的跑步應該是在大自然中的奔跑，至少也該在跑道上，有腳踩大地的感覺。跑步不僅是跑步者的生活方式，也是跑步者生命的存在形式。跑步一旦融入一個人的生活，就將改變他的生命狀態。

終日伏案的人生活中有了跑步，生命即因為「靜」的形式中有了「動」的狀態而豐富。溫婉的女性加入跑步者的行列，生命存在也因溫柔中揉合了剛健而變得更加動人。孱弱的老者健步如飛的時候，生命也會更富有生機。

專注跑步會使生活更加簡約，你會突然發現原來許多我們曾孜孜以求的東西並不是生活的必需品。為了清晨的奔跑，你會早早上床休息，摒棄一切不必要的夜生活。生命因為簡單而不再超負荷執行。

最簡單的東西，往往最基本，觸及內心，直抵靈魂。跑步就是這樣一件事，簡單，無處不在。

生命形式如此奇妙地被跑步改變，生命之樹也由此搖曳多姿。有人說，生活就是跑步，其餘時間就是對跑步的等待。這是一種更為概括的生命存在。它把生活劃分為跑步和非跑步，除此之外，沒有第三種形式。

在這個絕大多數人為金錢疲於奔命的時代，跑步者進行的是更為純粹的修行。奔跑，就是跑步者生命中純粹得沒有雜質的狀態。

第七章
自由

　　我每年都要參加一次馬拉松。只有在參加馬拉松比賽的
這兩天時間裡，我才感覺生命實實在在、完完整整地屬於自
己。為馬拉松準備，為馬拉松奔跑，沒有其他目的，生命的
純粹在這時得到展現。

　　從到達舉辦比賽的城市那一刻起，我全然進入跑馬拉松
的準備狀態，做的每一件事，我都覺得和第二天的馬拉松比
賽有關。我不放過任何一個環節的準備，因為每個環節都可
能對比賽產生影響。不是我過敏或多慮，而是我願意這樣為
比賽進行準備。

　　從主辦方那裡領到號碼布後，我開始執行比賽準備計
畫。從午餐到比賽前的最後晚餐以及第二天凌晨的賽前進
食，從午休到夜間的睡覺，我都按計畫進行，誰打亂我的計
畫都會讓我不舒服。除了吃飯時間，我不再離開房間半步。

　　據說籃球巨星喬丹（Michael Jeffrey Jordan）到一個城
市打比賽時，除了球場，就待在酒店房間裡，因為他怕被人
遇到。面對天王，遇到他的人總是興奮得不敢相信自己的眼
睛，哪怕他是六七十歲的老年人。

　　我不是名人，當然不怕被人認出來。這個城市沒人認識
我，除了和我一起來參加比賽的跑友。即使被人認出來，也
許緊張的也是我。我只是覺得待在房間裡靜靜地想著將要做
的事情是一種很美好的感覺。

　　為了這件事，我會在房間裡進入冥想的狀態。我會銜接起此後的每時每刻，直到比賽開始。比賽只有幾個小時，但我願意把這時生命的純粹狀態延長到幾十個小時。賽前的等待，比賽時的磨難，對我來說都是感受生命的最好時刻。我在享受。

　　第二天比賽，發令槍一響，我開始了與自己身體、靈魂的對話過程。我也不知道這個對話會有什麼樣的內容，會以什麼方式結束。

　　跑道在延伸，生命的無知無慮狀態也在蔓延，直至到達終點的那一刻才戛然而止。

■ 4. 越跑步越灑脫、越快樂

　　跑步簡單，跑步者單純，我喜歡和跑步愛好者交往。他們往往內心單純，心地善良。他們目標明確，意志堅定。在跑步的時候他們獨善其身，不會傷害別人。

　　和跑步者交往，就像跑步時不必擔心受到衝撞那樣，你不用擔心受到傷害。因為跑步運動不需要身體接觸，遠離對抗。

　　一個真正的跑步者，也許應該集「真、善、美」於一身。「真」存在於性情，「善」隱藏在內心，「美」表露於跑姿。而這一切又以「善」為根源。很難想像，一個心存惡念的人，會有坦誠的性情、灑脫的姿態。

　　有人說，跑步是成年人的遊戲。沒有內心的「真」，如何

跑得起來？生活中不可能讓人有「跑」的姿態，除非是在緊
急狀態，要不然人們會認為你非瘋即傻。

　　有了跑步的名義，我們可以跑得無所顧忌，跑得隨心所
欲，既能鍛鍊身體，又可以放縱性情。在世俗容許的時空
裡，能夠明目張膽地放浪形骸，我們何樂而不跑？

　　跑步簡單，但不機械；機械的複雜磨滅人性，簡單的重
複讓你更有時間審視內心。心機太多，善便沒有了存活的空
間；心思單純，內心遍布善良的種子。

　　記得 1980 年代，日本有個叫「大竹英雄」的圍棋手，他
對輸贏不在意，卻在意落棋的布局是否完美。對於跑步者，
追求跑步姿勢的完美應該更甚於速度和名次。強調速度，會
讓人產生壓力；關注跑姿，卻可以提高樂趣。我可以跑得不
快，但不可以跑得不美。當個不在乎速度和名次的跑步「大
竹英雄」又何妨？

　　所謂完美跑姿，如果自己看著舒服，別人看了順眼，就
可以稱之為完美了。這應該是跑步的理想狀態。當然世上沒
有真正完美的事物，但朝著理想的方向去努力總是沒錯的。

　　正確的跑姿自然、省力，感覺舒服，看起來也比較優
美；反過來，看起來彆扭的跑姿，肯定在某些方面有所欠
缺。講求跑姿的美觀，是為了自然合理，不是為了美而做出
美的樣子。熟練的跑步者深諳此道。

第八章
遠方

■ 1. 距離是跑步者永恆的嚮往

跑步是跑步者的通行證，享受是享受者的墓誌銘。跑步可以看得見的是空間距離的延長，看不見的是時間的消逝，能感受到的是心境的變遷。

跑步是一個漫長的過程，除了事業，也許沒有人會有耐心花這麼長的時間去從事這項運動。即使你從沒有覺得自己是在做一件花費時間的事，但當你回頭看時，不知不覺幾年的時光就在你奔跑的雙腳下溜過去了。

速度和距離反映著跑步者身體衰老的程度。當我們在跑步中感覺速度再也上不去時，衰老已無可避免地到來，然後我們可以用距離的延伸來延緩衰老。跑步者用腳步拓展了生命的時空。

大多數跑步者是從跑步的距離開始感受到跑步的魅力，從而喜歡上跑步這項運動的。當一段感覺遙不可及的距離被征服在腳下時，你的內心充滿了成就感，從此開始沉迷於跑步。

　　跑著跑著，當距離對你不再是問題時，你希望能用更短的時間完成同樣的距離。這時你又對速度有了興趣。

　　關注速度讓你對時間的遊戲充滿興趣。對於每次跑過距離所花的時間，你斤斤計較，時間的計量單位精確到秒。

　　你像運動員一樣在意每次跑步的速度。速度的提高給你帶來了快樂，但停滯不前的速度讓你感到煩惱。煩惱的時間遠比快樂的時光多。

　　煩惱的時候，你會回想自己為什麼來跑步，怎麼會像運動員一樣關心速度，這樣不是把自己當成運動員了嗎？

　　運動員是職業，你在乎運動員在乎的速度，不是讓人覺得很可笑嗎？於是你會重新回到對距離的興趣上來，重新在征服距離的過程中尋找樂趣。

　　距離是跑步者的遊戲。那些長距離奔跑的人無不是在做距離的遊戲。速度成了無關緊要的事，沒人注意它。

　　幾天幾夜的長時間奔跑，幾百公里的超長馬拉松，都是厭倦了短距離的跑步者創造的新遊戲。在這裡，能完成這樣距離的人都是英雄，沒人在乎你跑得有多慢。

　　當速度停滯不前，讓你對跑步有點厭倦的時候，不妨忘記速度，回歸到距離的遊戲中，重找剛開始跑步時征服距離的喜悅，讓跑步重新回歸到距離的樂趣中。

　　距離在跑步者的腳下，會演化成無數精彩的活動。有的

人像阿甘一樣孤獨地奔跑在異國的道路，最終在印度魂歸天
堂；有的人終年奔跑於世界各地，後面跟了一個為他服務的
團隊，只因為他願意這麼度過他的人生；有的是幾個人組成
一個團隊，一起奔跑在東方古老的絲綢之路上，用一天一個
馬拉松的行程震撼世人。距離在跑步者腳下，就是一段奔跑
的傳奇。

單純追求速度，容易受傷和產生挫敗感；每天在跑步前
定下距離，只要能跑完，就給自己肯定和鼓勵，這種心理上
的積極暗示會讓你不斷收穫成就感和滿足感，不輕言放棄。

對於跑步者來說，速度並不重要，距離才是永恆的嚮
往。每天的天氣和身體狀況都不同，不可能永遠保持在最佳
水準，所以不必強求速度，只要能不受傷地讓自己堅持下來
就是勝利。

■ 2. 路就在你的腳下延伸

跑步其實並不簡單。第一次跑馬拉松，大多數人都要經
過兩三年的鍛鍊。耐力好的人，或者不求速度、只求能在關
門時間「走」完的，也要經過一年的速成練習。

我和朋友在看了三年的馬拉松直播後，才決定一起去參
加一次比賽，雖然我們從學生時代就一起跑過二十公里的長
距離。馬拉松全程 42.195 公里，對於現代交通工具來說，是

個短暫的距離，但對於我們的雙腳來說，卻是個漫長的征程。

　　古人說：「不積跬步，無以至千里。」再漫長的路也都是從腳下開始的。許多業餘馬拉松愛好者正是從最初只能完成體育場 400 米的跑步距離開始，踏上了 42 公里多的馬拉松征程的。

　　這並非不可能。無論多怵於跑步的人，只要經過有計畫、持之以恆的訓練，都可以踏上馬拉松的旅途。只是這和馬拉松的距離一樣，也是一個漫長的過程，短則一年兩年，長則三年五年。

　　許多事情沒有可能與不可能之分，只有做與不做之別。跑馬拉松就是其中之一。對於業餘跑步者來說，能否完成馬拉松，關鍵在於速度。現代的馬拉松比賽對完成馬拉松的關門規定比較寬鬆。

　　還記得某場馬拉松曾定為 6 小時之內，後來為吸引更多的跑步者參加，又延長為 7 小時之內，要求平均每公里 10 分鐘的速度。這只是比行走稍快的速度，只要你有一定的意志力，經過 3 ～ 6 個月的跑步練習，基本上都可以完成。

　　如果你需要在 5 小時之內完成比賽，這時你的速度要達到每公里 7 分半鐘，除了意志力上的要求，你的身體還要有一定的承受力，保證雙腿不會因為受傷而喪失跑步能力，導致最終放棄比賽。

比賽時的配速只能在 6 分半鐘至 7 分半鐘之間。途中允許穿插走路，但由於跑步持續時間較長，對腿部的承受能力和心肺功能的要求更強。這一層次的跑步能力，除了意志力上的要求，還要求跑步者有一定的速度。

在平常的訓練中，速度要能達到每小時 10 公里，至少經過 6 個月到 1 年的有計畫訓練，每個月的跑量在 140 公里以上（每週跑 6 天，每天跑 5 公里，週末跑一次 10 公里）。

當你要求全程馬拉松在 3 個半小時至 4 小時之內完成時，你必須在平常的訓練中有意識地加強速度和耐力的練習。在平常的訓練中你的速度要能達到每小時 12 公里以上，即能輕鬆地以每公里 5 分鐘的速度完成跑步練習。

初學者要達到這一層次的水準，至少要經過一兩年的系統訓練。有長跑天賦的人這一過程短些，有的人用不到一年的時間就可以在全程比賽中取得 4 小時以內的成績；不擅長長跑的運動者則要用更長的時間來達到這一目標。

對於以在 3 小時 30 分鐘內跑完全程馬拉松為目標的跑步者，則要借鑑專業運動員的訓練方法，進行專項的力量訓練和速度、耐力的訓練。在日常訓練中要有比較大的訓練強度，這時既要注意訓練後的營養補充，也要預防訓練中的損傷。

只是不同運動能力的人所用的時間不同。有長跑天賦的

跑步者能在短時間內達到，而不善於長距離跑步的跑步者則
要付出更大的代價、更強的意志力才能達到同一目標。

■ 3. 讓瞬間連綴成一場舞蹈

就體育運動員的身體協調性而言，田徑運動員的身材最
為協調勻稱。我偏愛田徑運動員協調勻稱的身材。

所有關於運動的經典瞬間，一定離不開跑和跳這兩個動
作，而跑步的每一個動作都是具有美感的經典瞬間。馬拉松
就是由這樣無數個經典瞬間連線起來的運動。

和一些注重馬拉松成績的跑步者不同，我更喜歡把馬拉
松當成一場舞蹈，一場歷時三四個小時，甚至五六個小時
的，動作連貫的舞蹈。不是我認為跑步成績不重要，而是我
覺得追求速度是專業運動員的事情，業餘跑步者應該更注重
速度之外的東西，如奔跑過程中的感受和支撐著跑步的精神
力量，等等。

從起跑的那一瞬間開始，跑步者就表現出了奔跑的美
感。每一次腳步的邁出，都是一個充滿動感的瞬間。跑步的
動作雖然簡單而且有點單調，但在馬拉松漫長的跑道上卻成
了一幅奔騰不息的畫面。

評價舞蹈的標準不是誰能更早地結束表演，而是在舞蹈
過程中表現出來的美感。當把馬拉松看成是一場舞蹈時，成

績就不再重要了。

所以對於馬拉松成績而言，我更看重跑步過程中動作的延續性。我寧願跑出不太好的成績，也要保證自己在整個奔跑過程中動作的連續性。只要能保持跑步的動作，這場馬拉松的舞蹈就不曾停止。

在馬拉松比賽中，我喜歡用比平常訓練時略慢的速度進行配速，讓自己勻速跑到終點。我讓自己的跑步過程充滿力量感，保持動作連續性。跑步過程中我欣賞自己動作的節奏感和跑步姿態的美感。

我不以到達終點的時間作為自己的成績，而以跑步過程中是否一直堅持跑步動作來衡量自己的表現。如果途中穿插了步行而中斷了跑步動作，我將視之為自己比賽失敗。連貫地跑完全程對我而言就是一場完美的勝利。

有的人在前半程猛衝猛跑，後半程卻只能拖著疲憊的軀體蹣跚而行。這樣也許能取得比我好得多的跑步成績，但這不是我想像中的馬拉松。

馬拉松就是一場只有一個動作的簡單舞蹈，它的美展現在過程的節奏感、動作的力量感、奔跑的連續性和持久的意志力。

馬拉松途中的勻速跑，筋疲力盡時的耐力跑，臨近終點時的衝刺跑，既讓跑步者體驗到奔跑過程中不同體能變化帶

來的身體刺激，也讓跑道兩旁的觀眾欣賞到跑步者表現出來的節奏感、意志力和力量感。

跑步經驗證明，勻速跑是馬拉松跑最節省體力的方法。只要能堅持到底，勻速跑者的最終成績往往不會太差，有時還會優於前半程跑速較快的跑步者。只要能用每公里 5 ～ 6 分鐘的速度勻速跑完全程，馬拉松成績就會在 4 小時以內。而我在比賽中經常會看到，求勝心切的跑步者由於過早發力，全程成績最後都超出了 4 小時。

速度不是跑步者的唯一追求，為了跑步過程中的美感，做個不計較成績的「宇宙流」跑步者又何妨？業餘馬拉松跑步者的實力在比賽中注定成不了贏家，何不犧牲點速度，讓自己的跑步過程更富於美感呢？

■ 4. 請接受一次生命的洗禮

馬拉松是跑步者的人生歡歌。每年的馬拉松都讓我的生命經歷一次洗禮。這個過程有毀滅性的打擊，也有重生的喜悅；有頑強的堅持，也有怯懦的退縮；有莽撞的領先，也有理智的跟隨。

人生像一場馬拉松，或者說一場馬拉松更像一次人生經歷。這是很多跑過馬拉松的人都有的感慨。可是每個人的感受都會有所不同，這也是馬拉松讓人著迷的地方。

　　沒有誰能隨隨便便到達馬拉松終點，人生也沒有誰能隨隨便便成功。跑步的姿勢是單一的，但馬拉松的精神內涵豐富多彩。一萬個人有一萬個跑步故事，有一萬種馬拉松精神。

　　完成馬拉松，首先要戰勝的是心理。馬拉松讓很多從沒嘗試過的人感到害怕。這裡沒有危崖險壑，沒有豺狼虎豹，他們害怕的是一組數字：42.195。其實這只是一組數字，沒什麼可怕的。

　　在馬拉松的終點，生命是平等的，不管你是達官貴人還是貧苦百姓，不管你是四肢健全還是肢體殘缺，不管你是耄耋老者還是懵懂少年，要想到達終點，都必須承受 42.195 公里的磨練。

　　起跑時的萬眾歡騰不正是人生之初的欣喜與悸動嗎？不管未來如何艱難困苦，我自歡歌笑語。人生有太多的艱難和不如意，你在幼年的時候一定不會去想像未來的苦難，否則對不可知苦難的憂心會早早摧毀生命的幼苗。

　　站在馬拉松的起點，不必去想像後半程的艱辛，否則就會止步於起跑線。如果把人生看成一場馬拉松，就不會有輸在起跑線上的擔憂了。對於漫長的馬拉松旅程來說，起跑並不能決定什麼。

　　全程馬拉松的挑戰遠不是半程可以體會的。跑完半程是在大多數人身體所能容忍的極限之內，而馬拉松對人的考驗

全在後半程，特別是 30 公里以後的部分。那種艱辛和對距離的恐懼，不親自參與是體會不到的。跑馬拉松的過程更像生命的歷程，你在途中有什麼樣的付出，在終點就會獲得什麼樣的成績。

跑馬拉松前半程在意成績，對時間分秒必爭，是因為有新奇感的興奮和刺激，奔跑變得愉快。興奮和刺激在後半程逐漸消失，因而使人變得麻木，這時只想著能堅持下去就很好了，時間在大把大把地流失，卻也無可奈何。

因為這時最需要的是堅持，不能放棄成了堅持下去的唯一信念。馬拉松的艱難全在後半程，人生又何嘗不是如此。人生的青春期有許多未知的機會吸引著你，再怎麼艱難都有探索的動力。

但當人過中年，一切塵埃落定時，對時間不再敏感，一天和一年幾乎沒什麼區別。當理想不再照耀現實，活著就是最具體的現實。堅持成了唯一的理由。沒有理由的堅持成了繼續未來人生旅程的唯一理由。

人生的後半程，一切已成定局，你甚至可以像跑馬拉松一樣，計算出到達終點的時間，只要不出意外。人生的後半程更需要堅持，除非你想中途退出，或者讓你的後半生成為垃圾時間。

馬拉松最精彩的部分應該是在終點，在這裡可以看到人

生一個個瞬間的生命截面。有狂歡、有痛苦、有放鬆、有愉快、有衝刺、有倒地、有滿足、有遺憾。

如果忘了人生的滋味，就去跑一次全程馬拉松。如果人生正在遭受痛苦，也去跑一次馬拉松，一定會增加你對痛苦的承受力。

跑馬拉松者中年人居多，那是因為他們領悟了太多人生感悟，而這些人生感悟和馬拉松的體驗何其相似？乳酸堆積、缺氧等難受的體驗是跑步的一部分，正如痛苦和辛酸是生活的一部分。

沒有體力付出、永遠不累的跑步不是跑步。一個筋斗十萬八千里比馬拉松距離遠多了，輕鬆多了，但這不是跑步，更不用說體會跑步的樂趣。

沒有奮鬥過的生活不是真正的生活，沒有經歷過苦難的成功不算成功，而生活和成功往往需要關注細節。跑步動作的一個微小調整，可以讓一次馬拉松的成績發生明顯變化：可能中途崩潰，也可能得到提升。

人生亦是如此，生活中一個細微的習慣，有時甚至可以影響你一生的命運，正所謂一念天堂，一念地獄。

跑步的時候，不要有太高的期待，把握好每個細節，往往會有好的成績；人生不要有太高的要求，關注每個成長的細節，往往會有超出預期的成就。

　　只要不是太過勉強自己，跑步的受傷完全可以避免。而人生可以沒有太高要求，但受傷卻不可避免。人在受傷中成熟，而跑步中的受傷卻會使人情緒低落。

　　我們不能改變已經發生的人生，但我們可以用腳步來品味人生。有時放開腳步去跑，會取得意想不到的成績。人生也是如此，沒有放開手腳去做，永遠也不知道自己的潛力有多大。

　　馬拉松的起點人多都是終點。無論途中經過多大的起伏，最終都會回歸起點。上坡逆勢而行時，不要沮喪，返回時一定會有下坡的順勢而跑，以補償你的速度損失；下坡順暢時，也不要忘乎所以，一定會有上坡的艱辛在等著你。

　　人生沒有永遠的逆境，也沒有一成不變的順境，逆境時要懂得期待，順境時要懷有警醒。無論經歷怎樣的成功和失敗，人生的起點和終點都有一樣的生命海拔。

■ 5. 請問人生是否可以重來

　　人生和馬拉松的不同之處是，馬拉松還有下一場，而人生不能重來。馬拉松選手有專業和業餘之分，而人生沒有，每個人都是自己人生的專業選手。

　　專業運動員在兩個多小時內跑完全程，就好比是成功者的人生，激烈，輝煌，受人矚目，得到獎勵，但這只是少

數，更多的是用三四個小時，甚至五六個小時完成全程的業餘愛好者。這更像平凡人的人生，悠遠，綿長，起伏不大，充滿痛苦。

業餘跑步者再怎麼訓練也趕不上專業運動員，但業餘跑步者對提高成績還是樂此不疲，因為提高成績的過程給他帶來了快樂。他看到的是對自我一點一點的戰勝，戰勝自我遠比戰勝他人來得快樂。

不要用專業運動員的成績去衡量業餘跑步者，因為沒有可比性，一個是為了生活，或者說為了生存價值，一個是為了樂趣。如果用專業選手的成績來衡量業餘跑步者，後者的努力將沒有任何意義。

就好像常人的人生和成功人士的人生不能比較。難道因為不是成功者，就要否定平常人生活的意義嗎？只要活著，只要曾經為你的生活目標奮鬥過，你的人生就有意義。

就好像馬拉松，只要你跑過，只要你堅持了，甚至不必問是否到達終點，因為沒有到達終點的馬拉松也有一種不一樣的感受。

馬拉松的距離對每個人都是一樣的，有所區別的是每個人到達終點的過程不同。專業選手快速激烈，業餘選手慢速沉悶，更多地承受著因長時間運動而導致身體機能衰竭所帶來的痛苦。

人生也是如此，成功者的人生輝煌，平凡者的人生卻充滿苦痛。但公平的是生命只有　次，只要努力，每個人都有展示的機會。

平凡的人生就好像一次長距離奔跑，起伏不大，但延續很長。只要你能堅持下去，平凡的人生也會有不平凡的一面。

業餘跑步者只能以普通的速度跑馬拉松，遠不能和專業選手相比，而能夠跑完全程的人在生活中仍是少數。從這點上來說，勇於挑戰馬拉松，本身就是一件不平凡的事。

一樣的馬拉松，運動員和跑步者卻有不一樣的收穫。運動員獲得的是榮譽，跑步者得到的是感受。運動員需要的是成績，跑步者需要的是一個完整的過程。

當一個人選擇以跑步作為健身方式時，會忽然發現，跑步這件事已經遠遠超越了運動的範疇。跑步猶如一個容器，除了滿足一個人基本的健身需求之外，還是一種純粹而淡然的生活方式，一種自由而積極的修行方式。

它是一種文化，一種精神，一門哲學。

PART2
訓練

　　跑步的標準動作是什麼？跑步中如何有效地避免損傷？跑步前需要做什麼熱身動作？跑步後需要做什麼放鬆動作？跑步中如何科學地呼吸？如何測定心率並用其指導訓練？堅持跑步運動，如何科學飲食以補充營養？這一部分將向你解答這些問題。

　　尤其需要指出的，跑步是一項國際運動，它需要科學的訓練，否則會給你帶來傷害，最典型的如膝蓋受傷。盲目地訓練，不能很好地堅持，除了精神和毅力的問題，也有身體的原因。只有當方法和動作等都非常規範的時候，身體才會感到舒適並主動配合你。

第一章
動作

■ 一、跑前熱身必不可少

跑步前的熱身活動是跑步的一個組成部分，也是不可缺少的運動環節。身體沒有經過熱身就直接開始跑步，不但收不到好的運動效果，還極有可能造成身體損傷。

充分的熱身活動可以讓腿部的血管膨脹，保證提供充足的氧氣，同時將肌肉的溫度提高到理想水準有利於提高身體的柔韌性，提高運動效率，加強身體力量，提升鍛鍊效果，同時也能有效避免運動中肌肉拉傷和關節扭傷等情況。比賽前熱身還可以逐漸提高心率，幫助減少比賽開始階段的心臟壓力。

熱身活動的目的是使全身各部位、各器官都活躍起來，從平常安靜的狀態，準備進入到運動時緊張的肌肉活動狀態。

熱身運動最好從慢跑開始，再針對跑步過程中參與運動的身體部位進行系統的拉伸練習。拉伸時要緩慢，避免突然用力，被拉伸的那部分肌肉一定不要用力。拉伸之後，應該

做一些一般性的準備活動，如輕微的原地跑跳、蹲起等，既能調動內臟器官，又能讓全身關節得到預熱。

　　跑步者的熱身活動的時間不需要太長，以 10 ～ 20 分鐘為宜。夏天體溫較高，可縮短慢跑時間或直接省去慢跑環節。冬天用 5 ～ 10 分鐘慢跑提高體溫，可以舒緩僵硬的肌肉，促進血液循環，以達到身體發熱的效果為宜。

　　跑步者做拉伸練習時，應該針對跑步中的運動部位進行「動力伸拉」。這些動作也可以在跑步結束後進行，用以放鬆肌肉，消除乳酸。

（一）拉伸肩部肌肉

1. 聳肩。肩放鬆下垂，然後盡可能上聳，停留，還原後重複。

2. 用一隻手從身後側抓住另一手臂肘部，用力拉肘，挺胸，展肩，夾背，然後放鬆，重複若干次，接著交換兩手動作。

3. 雙手手指在頭頂交叉互握，掌心向上，向後伸展，保持一段時間。如下圖。

4. 一隻手臂向上伸直，然後前臂向腦後彎曲，放鬆，用對側手從腦後抓住其肘部，向其對側緩慢拉動，保持一段時間，如下圖。

 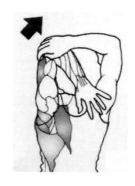

(二) 拉伸腰部肌肉

體前屈伸。自然站立,兩腳開立,與肩同寬。軀幹緩慢前屈,兩手下垂至腳尖,保持一段時間,然後復原。

(三) 拉伸髖部肌肉

弓步壓腿。兩腿前後開立,與肩同寬,身體中心緩慢下壓至肌肉緊張,然後放鬆還原。軀幹始終保持直立。

(四) 拉伸大腿與膝部

左手扶牆或固定物,左腳站立,右手抓右腳背,右腳用力把右手盡量往後撐,撐到不能撐處堅持住一段時間,再往回收。做幾次後,換位左手與左腳,如下圖。

(五) 拉伸大腿後部肌肉

　　坐在地上,把要拉伸的腿在體前伸直,彎曲另一條腿,整條腿的外側貼近地面,與伸直的腿組成三角形,背部挺直,從胯部盡量向前屈,雙手盡量抓住伸直腿的腳尖,動作緩慢,保持這個姿勢適當時間。

(六) 拉伸大腿內側肌肉

1. 坐姿,雙腳腳底相互貼近,膝蓋向外撐並盡量靠近地面,雙手抓住雙腳踝,保持這個姿勢適當時間,放鬆,然後重複。

2. 坐姿,雙腳在體前伸直並分開,保持背部和膝蓋部挺直,從胯部向前屈體,雙手從腿內側去抓住雙腳踝,保持這個姿勢,感覺大腿內側被拉緊,放鬆,然後重複。

(七) 拉伸小腿與跟腱

　　撐壁提踵。面向牆壁約 1 公尺左右站立,兩臂前伸與肩同寬,手撐壁。提踵,再放下,感覺小腿和跟腱緊張。

(八) 拉伸小腿(後部)肌肉

　　俯身,用雙臂和一條腿(伸直,腳尖著地)支撐身體,另一條腿屈於體前放鬆,身體重心集中於支撐腳的腳尖處,腳跟向後、向下用力,感覺到小腿後部肌肉被拉緊,保持緊張狀態一段時間,放鬆,重複,然後換另一條腿做幾次。

(九) 拉伸腳跟與腳趾

跪在地上，臀部靠近腳跟，上體保持直立，慢慢向下給
踝關節壓力直到趾伸肌與腳前掌感到足夠拉力，然後抬臀後
重複。動作要有節奏，緩慢。

跑步前拉伸示意圖

以上拉伸動作，有的部位有幾個拉伸動作都可以鍛鍊
到，不必每個動作都做，只做一種自己感覺最有效的動作就
可以了。

高效的熱身活動，要求用最短的時間做最有效的熱身動
作。熱身時應遵循以下幾個原則：

1. 為了讓肌肉達到理想溫度，熱身活動應當至少持續 10 分鐘，夏季氣溫高可以稍微縮短時間。

2. 熱身活動不足會使心血管系統刺激不充分，但過多也會增加疲勞，盡量要達到最大心率的 70%～80%。

3. 超過 60 分鐘的比賽或練習，在開始前 10～15 分鐘暫停熱身，補充大概 300 毫升運動飲料，飲料中的碳水化合物可以讓肌糖原開始下降時還能保持配速。

4. 如果慢跑熱身時感到肌肉緊張，應停下來，拉伸一下緊張的部位（拉伸時間不能算到熱身的 10 分鐘時間裡）。「慢跑-拉伸-慢跑」的結合可以在相當程度上改善肌肉柔韌性。

5. 熱身後，以比賽配速做一些 50～100 公尺的衝刺，這些衝刺可以激發神經系統，啟用身體協調性和效率。

6. 在炎熱潮溼的日子，熱身要限制在 10 分鐘以內，要注意防暑，減少身體過熱的危險。

7. 強度不高的訓練，可以不必進行熱身。因為在訓練中逐漸提高速度，也能夠造成熱身的效果。

8. 比賽前熱身的注意事項：熱身後休息不能超過 30 秒。熱身後休息時間太長會讓心率降低，等同於沒有熱身，從而導致輸送到腿部肌肉的氧氣減少。熱身應該持續到發令槍響之前，即使只是在起跑區域中慢跑也可以保持熱身效果。

　　如果在跑道旁有供攀爬用的多層鐵爬桿，可利用爬桿來做拉伸運動，也會收到事半功倍的熱身效果。

■ 二、用標準動作跑步

　　跑步雖然簡單，但並不是沒有技術含量。從大的方面講，它也是一門專業的體育學科，涉及諸多學科知識，如運動學、運動生理學、運動醫學、營養學等等，身為業餘跑步者沒有必要也沒有時間去重新學習一門學科的系統知識，但了解一些相關常識還是有必要的。

　　一般來講，跑步者需要知道的是：跑步的正確動作和跑前熱身；了解自己的呼吸和心率狀態；知道一些營養常識和養成避免損傷的安全訓練意識。如果要參加比賽，還要懂得有計畫的跑步和訓練方法。

　　跑步動作、跑前熱身、呼吸、心率、營養、損傷、恢復、訓練方法和計畫，了解這九個方面的內容，初學跑步者可以更快地掌握正確的跑步方法，少走彎路，在較短的時間內提升自己的運動能力。已經在路上的跑步者，則可以用這些內容對照自己的跑步習慣，糾正錯誤的跑步方法和跑步理念。

　　跑步動作最大的要求是輕鬆協調，目的是在跑步過程中節省能量，以跑得更遠、更快。

　　要達到輕鬆協調、節省體能的目的，跑步動作必須正確、簡省、有效，用最少的肌肉參與做功，發揮最大的功效。

　　簡單地說，跑步就是透過兩腿交替蹬地的循環動作，向地面施加作用力，並依靠從地面獲得的反作用力推動人體前進。在這個過程中，發揮最大作用的就是蹬地動作，這也是跑步過程中消耗能量最大的動作，其餘動作則是輔助蹬地動作完成。因此，消耗於對抗空氣阻力和協調身體其他部分動作的能量越少，跑步動作的效能就越大。

　　跑步動作包括腿部動作、手部動作。跑步的時候上身保持正直或稍前傾，頭部自然平視，面部和頸部肌肉放鬆。

（一）手部動作

1. 雙手手指呈輕鬆握拳狀，拳心虛空，不必握緊。
2. 肘關節以肩為軸，前後自然擺動，肘關節彎曲角度以自然、習慣為準。為降低能量消耗，擺臂過程中，肘關節角度基本保持不變。
3. 擺臂時，肩膀保持平正，不起伏，不前後搖晃，雙肘貼近身體兩側，不外張。

下巴微微朝上

背脊伸直
身體稍微往前傾

維持跟走路差不多的速度

保持在可以
說話的程度

微微踮腳

小碎步往下壓
而非大力往後

慢跑示意圖

（二）腿部動作

①擺動、支撐和後蹬

a. 擺動腿前擺時，小腿放鬆，自然下垂；隨著跑步距離的增長，大腿抬起的高度相應降低，這樣可以省力，適應長時間奔跑。

b. 同時，支撐腿依次伸展髖關節、膝關節和踝關節，最後透過前腳掌、腳趾蹬離地面。

關鍵跑姿　　落下　　提膝　　蹬離　　卜拉

女性跑步時的腿部動作

c. 後蹬結束，支撐腿接近伸直或完全伸直，擺動腿的小腿
在空中與支撐腿幾乎平行。

男性跑步時的蹬腿示意圖

②騰空

　a. 支撐腿的小腿在空中快速向大腿靠攏，摺疊，前擺。

　b. 同時，擺動腿以髖關節為軸，積極下壓，膝關節放鬆，
小腿自然向下伸展，準備著地。

③腳的著地

擺動腿在身體重心投影點至投影點前一腳長的地方著地。

擺動腿著地後,迅速彎曲緩衝,成為支撐腿,重複前一個支撐腿的支撐、後蹬動作。

同時,前一個支撐腿轉化成擺動腿,以大、小腿摺疊的姿勢迅速向前擺動,重複前一個擺動腿的動作。

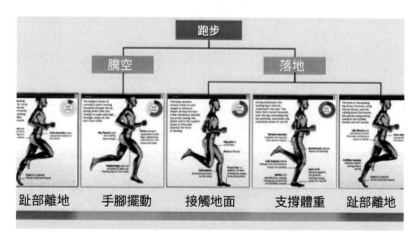

| 趾部離地 | 手腳擺動 | 接觸地面 | 支撐體重 | 趾部離地 |

三種著地的情況

腳的著地問題存在的爭議主要是:是前腳掌先著地還是腳後跟先著地。國外有人研究了眾多馬拉松優秀選手參賽時的跑步圖片,發現大多數選手採取腳後跟先著地的技術,只有少數選手是前腳掌先著地。這兩種技術很難說優劣。還有人認為較合理的著地方法是腳外側先著地,然後過渡到全腳

掌。其實採取哪一種著地方法，主要看跑步者的個人習慣。

相對來說，前腳掌著地、腳後跟不接觸地面的方法，因為小腿一直處於緊張狀態，動作難度比較大。而跑步距離的增長，會讓速度相應變慢，腳著地部位會移向腳後跟方向。對於長距離跑步者，一般宜採用腳後跟先著地的方法。

最好的做法是不拘泥於哪一種著地方法，在平常訓練中熟悉掌握幾種著地方法，以便長跑中可以交替使用，讓不同部位的肌肉有機會得到放鬆，避免損傷。

■ 三、三個階段的動作要領

有人把跑步動作分為三個階段：支撐階段、蹬地階段、恢復階段。

支撐階段指從腳著地開始，直到跑步者身體重心移過著地點之前。蹬地階段是指跑步者身體重心移過著地點之後，蹬離地面為止。恢復階段指跑步者腳部蹬離地面後，前擺至下一次著地前。

蹬地階段腿部用力最大，肌肉最為緊張，身體消耗能量最大。支撐階段次之，恢復階段是肌肉處於放鬆的階段。

跑步的過程就是肌肉緊張和放鬆循環的過程。在蹬地階段，讓肌肉緊張用力，使動作發揮最大效能；在恢復階段，則使肌肉得到放鬆，為下一次的緊張發力做準備。

三個階段的動作要領如下：

蹬地時，跑步者應用力蹬伸髖、膝、踝關節，向下、向後用力把身體推離地面。蹬地時的初速度取決於髖、膝、踝關節的肌肉力量，力量越大，步幅越長。

恢復階段，小腿應迅速向大腿靠攏，和大腿摺疊前擺，腿部盡量貼近臀部，從而把腿的轉動慣量降至最低和增加角速度，使腿可以更迅速地向前擺出。

支撐階段，腳的著地方法是比較有爭議的技術問題，而著地點的選擇對體能的合理分配和步幅大小也有一定影響。腳跨步前踩的著地點應是身體重心的正下方（即身體重心的投影點）。

著地點如果離投影點較遠，步幅會增大，但步頻可能會相應地降低，體能消耗也會增加。提升了一個因素，如果有可能降低另外的因素，從整體上來是說得不償失的。所以跑步距離越長，著地點應該離投影點越近，這樣可以節省體能，最大限度地發揮跑步效能。

這裡所說腿部動作的三個階段是針對單條腿而言。兩條腿在跑動時，除了騰空時同處於恢復階段，其他時候，一條腿是支撐或蹬地階段時，另一條腿一定處於恢復階段。恢復階段即是腿的擺動階段，包括了前擺、騰空和著地過程。在一條腿的恢復（即擺動）階段，另一條腿同時完成了恢復

（擺動腿的著地動作）、支撐（緩衝）、後蹬和恢復（擺動腿的前擺動作）動作。掌握和埋解三個階段的腿部技術動作，可以讓雙腿合理地交替發力和放鬆。

■ 四、規範動作可以提高速度

跑步速度的提高可以透過提高步頻，或增大步幅，或同時提高步頻增大步幅三種方法來實現。簡單地說，速度的提高與步頻、步幅相關。調整跑步動作可以使步頻或步幅發生改變。

（一）提高步頻的動作關鍵

1. 在支撐和蹬地階段減少腳掌觸地時間。
2. 在恢復階段要避免空中跳躍動作，縮短騰空時間。

（二）提高步幅的動作關鍵

1. 蹬地時，後蹬力量越大，步幅越長。
2. 恢復階段，腿部動作伸展到位，大、小腿摺疊動作明顯，步幅越長。
3. 腳著地點離身體重心投影點越遠，步幅越大。

步幅之所以變短，主要是髖和膝等關節的活動幅度下降所致。膝關節在跑步時的活動幅度自 35 歲至 90 歲減少了 33％（從 123 度下降至 95 度），這使得膝關節在腿向前擺

動時摺疊不足，腳與髖關節的距離變遠，力矩增大，影響了前擺的速度，也就影響了另一條腿及時用力，把身體前送的速度。

此外，髖關節在跑步時的活動幅度比膝關節下降得還要厲害，自35歲至90歲減少了38％，這些都影響了步幅。因此，保持髖、膝關節及四頭肌（大腿前方的肌肉）的良好柔軟度，是35歲以上跑步者維持步幅（也就是速度）的關鍵。

透過步幅增大來提高速度，會降低步頻，對腿部的綜合功能要求相應提高，進而會引起腿部運動損傷，所以需要循序漸進地提高。

國外研究發現，隨著年齡的增加，步頻的下降並不明顯（80歲與35歲的步頻相差只不過是4％～5％）；反觀另一方面，90歲選手的步幅卻比35歲至39歲選手的步幅下降了40％（由每步2.36公尺縮短至1.42公尺）。所以，對於35歲以上的跑步者來說，透過提高步頻來提高跑步速度比較安全，也比較容易長久地保持速度的穩定。

▓ 五、跑步訓練的主要方法

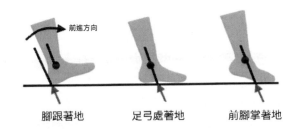

腳跟著地　　　足弓處著地　　　前腳掌著地

　　跑步訓練主要是要提高跑步者身體無氧代謝和有氧代謝的能力。跑步時最高心率提升到90%以上的，是屬於無氧代謝能力的鍛鍊；最高心率在80%左右的，則屬於提高有氧代謝能力的訓練。跑步距離越長，有氧代謝的能力越重要，越要側重於有氧代謝能力的訓練。

　　跑步的訓練方法主要有：持續跑、間歇跑、重複跑、法特萊克跑（Fartlek）、金字塔跑和乳酸門檻跑等。

（一）持續跑

　　持續跑以心率的85%為界，提升至85%～95%的為快速持續跑，85%～80%的為慢速持續跑。慢速持續跑在訓練中一般要跑訓練專案的2至5倍距離。比如你要提高3000公尺的速度，進行慢速持續跑時，就要跑6000公尺以上的距離。訓練專案的距離越長，訓練時要跑的距離倍數越少，但至少也要達到2倍的距離。

在專業訓練中慢速跑主要是作為基礎訓練或在快速持續跑前的練習，或是跑後的放鬆。對於一般的跑步者，慢速持續跑就是一次主要練習。快速跑是模擬實際比賽的跑法，速度較快，比較容易疲勞，因而跑的距離不會太長。

（二）間歇跑

間歇訓練法起源於 1930 年代的德國，是指跑步與休息交替進行的練習。根據訓練目標不同，跑步的距離和休息時間也會不同。休息時一般為慢跑或走的積極休息，較少停下。跑步時的強度一般比持續跑要大，速度也要快。間歇跑可以讓跑步者以比賽的速度多次進行跑步練習，提高訓練的質量。

在馬拉松訓練中，長間歇（800、1600 或更長）一般比短間歇（200 和 400）更好，在距離上甚至可以用接近比賽的速度，作 3～5 公里的間歇跑。

Yasso 800 跑法，也就是 800 公尺間歇跑。《跑者世界》（*Runner's World*）雜誌社的 Yasso 提倡的一種間歇跑法。他建議用和馬拉松時間一樣的數值跑 800 間歇，也就是說如果你馬拉松跑 3 小時 10 分，就用 3 分 10 秒的時間跑 800 間歇，如果是 3 小時 30 分的成績，就跑 3 分 30 秒的 800 間歇，依此類推。但是如果你只是能以 3 分 30 秒跑 10×800，並不能保證你能用 3 小時 30 分跑完馬拉松，而只是意味著如果你能

跑到 3 小時 30 分，那麼你就能沒有太大壓力地完成這樣的練習。

(三) 重複跑

重複跑時的距離比間歇跑要長，跑步練習之間的休息恢復以心率下降至每分鐘 120 次以下為準。一般用來模擬比賽情況，體驗比賽壓力。當重複跑的跑步距離為訓練專案的一半時，速度要和比賽時相近或更快；當重複跑的距離為訓練專案的四分之三時，速度可稍慢於比賽時的速度，累積距離都要達到訓練專案距離的 1.5 倍到 2 倍。

(四) 法特萊克跑

法特萊克 Fartlek 是瑞典語「速度遊戲」的意思，指在田徑場外的道路上進行的，快速跑和慢速跑交替進行的跑步練習，也可以被看做是沒有規定速度和休息時間的間歇跑。

這種跑法一般是先進行 10 ～ 20 分鐘的熱身，接著快跑 5 分鐘，再恢復性慢跑 1 ～ 2 分鐘，之後是 10×45 秒間歇跑，每跑完一次休息間歇為 20 ～ 30 秒，最後跑 10 ～ 15 分鐘作為放鬆練習。在實際的練習中，跑步的距離和速度要根據跑步者當時的身體狀況及跑步時的地形環境調整。

（五）金字塔跑

金字塔跑，有的人把它叫做沃爾克大循環，其實也算是間歇跑的一種，只是每次跑步和休息的時間不同。練習方法比如：100 公尺快＋100 公尺慢＋200 公尺快＋200 公尺慢＋300 公尺快＋300 公尺慢＋500 公尺快＋500 公尺慢＋300 公尺快＋300 公尺慢＋200 公尺快＋200 公尺慢＋100 公尺快＋100 公尺慢。這樣距離的練習安排，可以提高身體運動時的混合供氧能力。如果是練 100 公尺，一般只安排更短距離如 30 ～ 60 公尺的短衝，跑超出 100 公尺的距離跑會使爆發力丟失。對於練習長距離跑的跑步者，可以在上面的距離數字後加一個「0」，鍛鍊提高身體的有氧代謝能力。

或只計算時間不計距離，如按 1-2-3-4-5-4-3-2-1 的順序來進行訓練，快跑 1 分鐘，間歇 1 分鐘，以此類推。快跑時要盡力，應該是最大速度的 85%～ 90%，間歇時可以採用放鬆跑的方式來休息。可以根據自己的身體狀況以及訓練水準，在跑步時間上增加或減少間歇的時間。

（六）山坡跑

山坡跑可以增強股四頭肌，提供跑步多樣的訓練方式，同時山坡跑比平路上跑對腿部造成的衝擊要小。如果馬拉松賽是山地賽道，最好選擇用一些山坡反覆跑代替部分間歇訓

練。山坡訓練對速度的幫助與在跑道上練間歇類似。選擇一段大概 400 公尺長的山坡，像跑場地 400 間歇一樣盡力衝上去，然後折返慢跑下來，重複進行。如果計劃要跑的馬拉松賽下坡比上坡多，就要同時做一些下坡間歇跑，這能讓肌肉適應吸收下坡跑時候的衝擊力，但做太多會增加受傷的機率。

（七）乳酸門檻跑

跑步中肌肉產生的乳酸一部分氧化分解產生能量，另一部分在肝臟重新轉變成糖原或葡萄糖，進入血液供給肌肉所需要的能量。剛開始跑步時，因為運動速度慢，乳酸產生很少，代謝的速度與產生的速度基本相當，血乳酸濃度基本不增加，隨著速度提高，乳酸增加很快，乳酸代謝的速度小於產生的速度時，血乳酸濃度就會突然增加。這個突然增加乳酸的節點，就叫乳酸閾。出現這個節點時的速度，就是乳酸閾速度。

每個人的生理有差異，訓練水準有高低，訓練方法也不盡相同，乳酸閾也不一樣。每個人不同的乳酸閾值（Lactate Threshold）被稱作個體乳酸閾。訓練水準高、方法科學的選手，其乳酸閾明顯要高於其他人。反映在日常比賽中，雖然兩個人的最高攝氧量差不多，但乳酸閾值高的人可以以較快的速度來完成比賽。

　　最大攝氧量反映人體在運動時所攝取的最大氧量，而乳酸閾則是反映人體有氧工作能力的又一個重要生理指標。最大攝氧量受遺傳影響較大，難以經過訓練提高，而乳酸閾較少受遺傳因素影響，可透過訓練提高。

　　個體乳酸閾強度，是發展有氧耐力訓練的最佳強度。用個體乳酸閾強度進行耐力訓練，既能使呼吸和循環系統達到較高水準，最大限度地利用有氧供能，同時又能在能量代謝中使無氧代謝的比例減少到最低限度，不至於在運動中造成速度的下降。

　　個體乳酸閾提高是有氧耐力提高的標誌之一。經過訓練後，個體乳酸閾提高，訓練強度就要根據提高了的個體乳酸閾強度來確定。一般無訓練者，以最大攝氧量的 50% 強度進行長時間運動時，血乳酸幾乎不增加或略有上升。經過訓練的跑步者，可在最大攝氧量 60%～70% 的強度運動，而乳酸不會增加；優秀運動員則可以達到 85% 的最大攝氧強度。

　　乳酸閾的訓練方法：

①持續訓練法

　　一般來說，首先要確定自己在最大攝氧量下的運動速度，這個可以採取 12 分鐘的盡力跑，以跑過的距離來測定，換算成每公里或每圈（400 公尺）所需要的時間。然後每圈

加上 8 ～ 10 秒，或每公里加上 20 ～ 30 秒，這個速度就是無氧閾速度。剛開始跑時可以慢些，按跑完 30 分鐘左右速度不降為標準。心率可控制在 150 ～ 170 次 / 分之間。

②間歇訓練法

　　訓練乳酸閾的間歇訓練法以長距離為主，最少距離 1600 公尺，一般以 1600 ～ 3000 公尺的距離比較好。速度要比持續訓練法有所提高，每圈增加 3 秒或每公里增加 8 秒。次數最少 3 次，最多可達 6 或 8 次，組間主要採用積極性間歇，在心率恢復到 20 次 /10 秒時開始下一組。要求跑完最後一組時速度沒有下降。

　　乳酸閾還有一個心率指標，大概是用無氧閾速度跑 30 分鐘後測一下平均心率。跑馬拉松時把心率控制在這個數值內可以達到最佳狀態。

　　每一次奔跑都是生命的一次吶喊！

第二章
呼吸和心率

■ 一、跑步呼吸的方法

　　許多人對跑步望而止步是因為害怕跑步時喘不過來氣的感覺，這就涉及跑步中的呼吸問題。初跑者最早遇到的就是呼吸的問題。呼吸問題解決了，初學者的跑步問題就解決了一大半。

　　呼吸的基本原則是：盡量用鼻子呼吸，在出現「極點」、感覺呼吸不過來時，可口鼻並用，大口呼吸，這時不必考慮呼吸節奏，感覺怎麼舒服就怎麼呼吸。在自己挺過「極點」，呼吸相對平穩後，再調整呼吸節奏。

　　呼吸方法：跑步時，一般採用三步一呼，三步一吸的方法，即呼或吸一口氣分三次撥出或吸入，同時邁出三步。鼻子的呼吸動作為：呼 - 呼 - 呼，吸 - 吸 - 吸。速度快時為兩步一呼，兩步一吸，或一步一呼，一步一吸。

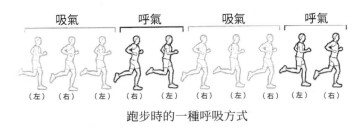

跑步時的一種呼吸方式

　　呼吸與動作的配合：初跑者呼吸與動作往往不一致，跑步時過於注意呼吸，容易導致呼吸僵化，最終造成憋氣胸悶而跑不下去。

　　培養呼吸節奏，可在站立時，做擺臂動作配合呼吸的練習，如果是三步一呼或三步一吸，就呼一口氣配合擺臂三次，或吸一口氣配合擺臂三次。兩次一呼或兩次一吸的擺臂動作，也以此類推。一般做幾次連續動作後，即可熟練地進行擺臂與呼吸的配合，這時再透過手臂動作控制跑步中的腿部動作，呼吸就可以和整個跑步動作配合一致了。

　　呼吸與步伐相配合，這樣就形成了節奏。呼吸是掌握跑步節奏以及節省體力、提高成績的關鍵。只有懂得用呼吸自如地控制跑步節奏，跑步者才能更多地感受到跑步的樂趣。

　　跑步的不同階段對呼吸的要求不同。跑步剛開始，或速度較慢時，需氧量小，僅用鼻子呼吸就可以滿足需氧量。如果氣溫較低或頂風跑步，更要用鼻呼吸，這樣進入肺部的氣體能被鼻毛和鼻黏膜加溫加溼，從而避免因吸入塵埃、細菌

而引起咳嗽、氣管炎、腹痛（岔氣）、胃寒等疾病。當跑步時間較長或速度變快時，鼻呼吸就難以滿足機體對氧氣的需求，只用鼻呼吸容易使呼吸肌疲勞，此時應張嘴配合呼吸，緩解呼吸肌的壓力，最好是口微開，輕咬牙，舌尖捲起，輕抵住上顎，讓空氣從牙縫中進出。呼吸時，要注意做到均勻而有節奏，呼氣要短促有力，吸氣要緩慢均勻，有適當深度。

跑步時如果不注意呼吸深度，在經過長時間的運動後，就會呼吸急促，從而產生胸悶、呼吸困難的感覺。深度呼吸的關鍵是加大「呼」氣深度。

呼得越多，吸得也越多。只有呼得多了，才能排放更多的廢氣，增大肺中負壓，從而使吸氣更省力，吸氣量增加，最大限度地滿足機體對氧氣的需求。

■ 二、跑步中的三個呼吸現象

（一）「極點」和「第二次呼吸」現象

由於支配運動器官的神經和支配內臟器官的神經興奮不同步，往往導致跑步後身體出現缺氧狀況，跑步者會感到心慌、氣短、胸悶、噁心、頭暈，四肢無力，不想繼續跑步，這種現象在運動生理學上叫做「極點」（也有人稱之為「撞牆」）。

「極點」出現時，只要堅持跑下去，適當減慢跑步的速度

和有意識加深呼吸，讓身體吸進較多的氣體，「極點」的難受感覺就會消失。隨之而來的是呼吸正常，全身輕快，動作協調，四肢有力。這代表著「極點」難關被突破，身體運動能力在逐漸提高，運動生理學上稱這種現象為「第二次呼吸」。

「極點」和「第二次呼吸」出現的早晚，與身體素質、訓練水準、運動強度、運動時的呼吸以及運動前的準備活動有關。

（二）岔氣

「岔氣」又稱急性胸肋痛，醫學上稱之為「呼吸肌痙攣」。造成「岔氣」的原因，是準備活動不足或未做準備活動就進行劇烈運動。劇烈活動時肌肉進入緊張狀態，而內臟器官惰性大，不能馬上活動起來滿足肌肉活動時所需要的養料和氧氣，使呼吸肌因緊張而痙攣，或在身體運動加劇需氧量加大時，呼吸不得法，只是加快呼吸頻率而呼吸較淺，也會使呼吸肌因連續過急收縮而導致痙攣。另外，因為長期沒有運動突然參與體育活動、天氣寒冷或者因大量出汗而使體內氯化鈉含量過低時，也會發生「岔氣」。

「岔氣」時，呼吸肌痙攣，刺激呼吸肌裡的感受器，產生疼痛。人體最主要的呼吸肌是肋間肌和膈肌，當肋間肌痙攣時，胸部兩側就會發痛；當膈肌痙攣時，疼痛會發生在左右肋下。

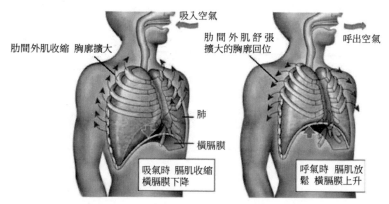

吸入空氣

肋間外肌收縮 胸廓擴大

肋間外肌舒張
擴大的胸廓回位

呼出空氣

肺

橫膈膜

吸氣時 膈肌收縮
橫膈膜下降

呼氣時 膈肌放
鬆 橫膈膜上升

跑步時岔氣的原因

　　預防和對付「岔氣」的方法如下：

1. 運動之前做好熱身，特別是要做深呼吸讓呼吸肌「熱身」，使呼吸肌逐漸適應較快頻率的收縮，不致引起痙攣。

2. 冬天運動盡量用鼻子呼吸，若用口呼吸時，動作上要做到「口微開，輕咬牙，舌尖捲起，輕抵住上顎，讓空氣從牙縫中進出」，防止冷空氣刺激。

3. 盡量用深呼吸，呼氣慢而深，用力向外呼氣，這樣可以吸進大量空氣，滿足身體對氧的需求，達到放鬆呼吸肌，消除疼痛的效果。

4. 用呼吸調整節奏，把呼吸與跑步節奏對應起來，做到兩步一呼一吸或三步一呼一吸。

5. 如果還不能消除疼痛，可深呼吸憋氣，用力扣打胸腔兩側或肋下疼痛處，然後緩慢深長呼吸氣，重複幾次可使呼吸肌逐漸放鬆，緩解痙攣。

「岔氣」消除後，還可以繼續進行體育活動，不會對身體造成什麼損害及影響。

（三）最大攝氧量

最大攝氧量（VO2max）是指人體在進行有人肌肉群參加的長時間劇烈運動時，當心肺功能和肌肉利用氧的能力達到本人的極限水準量時，單位時間內（通常以每分鐘為單位）所能攝取的氧量。攝氧量大有利於處理乳酸，減少體內乳酸堆積。

VO2max 是評定有氧代謝能力的最有效的指標，是長跑運動中一項重要的評價指標，VO2max 的增加與運動能力的提高和運動成績的提高是一致的。

VO2max 的表示方法有絕對值和相對值兩種。絕對值是指機體在單位時間內所能吸入的最大氧量，通常以 L/min(升／分鐘) 為單位；相對值則是按每公斤體重計算的最大攝氧量，以 ml/kg/min(毫升／公斤／分鐘) 為單位。正常成年男子的最大攝氧量約為 3.0 ～ 3.5L/min，相對值為 50 ～ 55ml/kg/min；女子較男子略低，其絕對值為 2.0 ～ 2.5 L/min，相對值為 40 ～ 45 ml/kg/min。

12分鐘跑成績(公尺)	VO2max（毫升/公斤/分鐘）	12分鐘跑成績(公尺)	VO2max（毫升/公斤/分鐘）
1000	14.0	2500	45.9
1100	16.1	2600	48.0
1200	18.3	2700	50.1
1300	20.4	2800	52.3
1400	22.5	2900	54.4
1500	24.6	3000	56.5
1600	26.8	3100	58.5
1700	28.9	3200	60.8
1800	31.0	3300	62.9
1900	33.1	3400	65.0
2000	35.3	3500	67.1
2100	37.4	3600	69.3
2200	39.5	3700	71.4
2300	41.6	3800	73.5
2400	43.8	3900	75.6

■ 三、跑步時心率的測定方法

心率是指單位時間內心臟搏動的次數。正常人的動脈脈搏頻率與心跳頻率是一致的。運動後心率測定一般採用 10 秒鐘心率數乘以 6 的計算方法。這主要是運動後心率恢復較快，延長運動後測定時間，所測得的心率數就不能反映真正的心率數了。

心率是預測男子壽命的有效指標。人一生總心跳次數約為 25 億次至 30 億次，如果靜息心率（指在清醒、不活動的

安靜狀態下，每分鐘心跳的次數）在 60 次左右，其壽命可達93 歲。因此靜息心率偏慢的人壽命會延長，相反，靜息心率大於 80 次的人壽命則短。大量臨床研究也證實，靜息心率偏快的人，發生各種心血管疾病的危險明顯增加，死亡率也高。

有人專門研究了老年人心率與壽命的關係。他們選擇身體健康、無心血管病危險的老人，年齡在 65 ～ 70 歲，其中男性 1407 人，女性 1134 人，長期跟蹤隨訪。結果發現，在男性中，心率大於 80 次／分比心率小於 60 次／分，活到 85歲的比率下降了近一半。心率是預測男性長壽的有效指標，但在女性中無明顯差異。

跑步能夠使靜息心率偏慢（運動時心率加快，但運動使心臟功能得到鍛鍊，從而使靜息心率減慢）。靜息心率在50 ～ 65 次（睡眠中的心跳次數可以為 38 ～ 50 次／分）是健康心臟的標誌，也是長壽的標誌。

要使心率放緩，除了運動外，還要保持適當體重以及戒菸、限酒。

心率的測定在運動訓練中有著非常重要的意義，對於一般的跑步者，主要是反映其跑步時的運動強度、訓練程度、跑步後的恢復程度以及對馬拉松跑進行科學配速等。

跑步者首先要知道自己的最高心率和基礎心率（即靜息心率）。

PART2
訓練

（一）最高心率的測定

最高心率的粗略計算方法是：220－年齡＝最高心率。這種演算法過於籠統，一般不採用。比較準確的方法是在劇烈運動後測定 10 秒內的心率，再乘以 6，即為最高心率。這裡的劇烈運動指在一段距離的跑步後用盡全力的衝刺，比如跑 1200 公尺，前面保持住速度，越往後越快，最後 200 公尺盡最大力氣衝刺，跑到終點後馬上測 10 秒內的脈搏，或用心率表測，就可以得出最高心率。或者全力跑三組 800 公尺，組間慢跑 300 公尺，最後一組全力衝刺，結束時的心率就是最大心率。

（二）基礎心率的測定

基礎心率可以測早晨醒來時的脈搏，也測 10 秒再乘以 6。最好連測幾天，取平均數。但要注意不能在訓練強度大或者身體很累的第二天測，這樣測出的心率數據會比基礎心率高。

跑步者在心率最高時，攝氧量基本上也達到最大。在最高心率與基礎心率之間，速度和心率呈完全的線性關係。最高心率對應最大攝氧量（VO2max）的速度，根據上一章「呼吸」介紹的最大攝氧量知識，我們可以用 12 分鐘全速跑測定自己的最大攝氧量速度：

12分鐘全速跑距離÷12＝最大攝氧量速度

這個速度也是最高心率對應的最高速度。

知道了自己的最高心率、基礎心率和最大攝氧量（VO-2max）速度（也就是最高速度），跑步者就可以透過三者的關係來測定自己的運動強度、跑步是否適量以及對馬拉松跑進行科學配速。

（三）測定運動強度

（實際心率－基礎心率）÷（最高心率－基礎心率）
＝運動強度

當實際心率為最高心率時，比值為1，運動強度達到最大。一般來說，達到最高心率的 85％ ～ 100％ 即為無氧運動，屬於運動心率的高強度區，僅適用於提高運動成績的運動員。

■ 四、配速與心率控制

運動量適當的長跑後，跑步者應當感到全身舒暢，精神旺盛，體力充沛，睡眠良好，食慾增加，四肢有力。如果跑步後感到十分勞累，第二天早晨醒來，疲勞感仍未消失，並伴隨出現心慌、頭暈、四肢無力、噁心、食慾不振、睡眠不好等症狀，更有甚者，對長跑產生厭惡，不想繼續跑步，那

就是運動過量了，需要休息，並在下次運動時減少運動量。

身體是否出現透支，除了在跑步後對照上面的感覺，還可以用測量心率的方法，科學地判斷長跑的運動量是否合適。

第一種方法：跑完後立即測量 10 秒鐘脈搏次數。

一般來說，脈搏次數在 24～28 次 /10 秒（合每分鐘 140～170 次）或最高心率的 75％～95％較合適。如超過 30 次 /10 秒（即每分鐘超過 180 次）或 95％以上，表示運動量有些大，應適當減少；如在 22 次 /10 秒以下，表示運動量有些小，應適當加大運動量；但體弱者的脈搏次數應適當低些，即運動量要適當小些。

第二種方法：在第二天早晨起床時測量基礎心率（即安靜脈搏）。

在正常情況下，透過長跑的鍛鍊，心臟機能增強，基礎心率應是逐漸減少的，如相反，心率次數增多，說明運動量大。若是每分鐘心率次數超過前一天心率次數的 5 次以上，說明運動量太大，應適當減少運動量。

（一）用心率指導訓練和比賽配速

以一個跑步者最高心率 194、最大攝氧量速度 15.0 為例，計算他的訓練配速如下：

慢跑，70％，心率 136，對應速度 10.5；Tempo 跑（乳

酸門檻跑），85％，心率 165，對應速度 12.8；400 公尺間歇，95％，心率 184（三四組之後），對應速度 14.3。

對於比賽配速的換算，可參考以下比賽心率：

△ 全程馬拉松：80％～ 85％最大心率；

△ 半程馬拉松：85％～ 88％最大心率；

△ 10 公里跑：92％～ 94％最大心率；

△ 5 公里跑：95％～ 97％最大心率。

如果用最大心率的最小值換算，這個跑步者的運動強度為：

全馬	半馬	10 公里	5 公里
80%	85%	92%	95%

測算比賽速度 km/h：

全馬	半馬	10 公里	5 公里
12	12.75	13.8	14.25

成績預測：

全馬	半馬	10 公里	5 公里
3'30''	1'39''	43'30''	21'03''

一段時間訓練後，如果最大攝氧量（VO2max）速度提高了，就要重新計算以上配速表。

PART2
訓練

不同心率階段的運動指標

區域	最大心率 （%）	運動出力狀態	效果	脂肪和糖分消耗
1	50～60	1. 放鬆的簡單慢跑 2. 有規律的呼吸	1. 初級階段的有氧訓練 2. 可減輕壓力	1. 脂肪消耗小 2. 糖消耗小
2	60～70	1. 舒服的速度 2. 有點加深的速度 3. 可以說話	1. 心血管健康的基本訓練 2. 耐力訓練 3. 體重控制心率訓練	1. 脂肪消耗最大 2. 糖消耗一般
3	70～80	1. 中等速度 2. 說話有些困難	1. 提高有氧運動能力 2. 耐力訓練 3. 理想的心血管健康訓練 4. 萬米訓練	1. 脂肪消耗一般 2. 糖消耗大
4	80～90	1. 很快的速度 2. 一些不舒服 3. 用力呼吸	1. 提高無氧運動能力和極限 2. 提高速度 3. 400 米速度訓練	1. 脂肪消耗很小 2. 糖消耗較大
5	90～100	1. 衝刺 2. 不能長時間堅持 3. 費力的呼吸	1. 提高無氧運動能力和肌肉的耐受能力 2. 提高力量	1. 基本無脂肪消耗 2. 糖消耗大

第三章
損傷與恢復

··

■ 一、運動後的一般恢復

在運動結束之後，人體各器官的機能仍處於一個較高的水準，必須經過一段時間之後，才能逐漸恢復到運動前的狀態，這段時間的機能變化被稱為恢復過程。

跑步後的恢復對於消除身體疲勞，防止運動損傷，提高運動成績和繼續第二天的跑步鍛鍊有非常重要的作用。恢復對專業運動員更為重要，專業運動員高強度訓練和參加比賽的頻率高，能否快速恢復已成為他們提高運動成績的關鍵。

恢復的過程常常被當作是休息，但休息只是一種被動的恢復方式，恢復還包括積極拉伸、按摩、物理治療和營養補充等主動的恢復方式。國外用在專業運動員身上的先進恢復手段，還包括在比賽期間穿專用的漸進壓縮式緊身服，訓練期間入住低壓低氧的特製房間等。

對於一般的跑步者，長時間跑步後的恢復應包括放鬆、拉伸、按摩、心理恢復和營養補充等。

（一）放鬆

　　長時間跑步後突然停止，會影響靜脈血回流，使血壓降低，大量血液集中在腿部，引起大腦的不良反應。因此，跑步後應做整理運動，整理運動被稱為積極的休息方式，包括慢跑、各種關節活動操以及各肌群的伸展練習。它對消除疲勞，促進體力的恢復作用很大。整理運動一般應包括深呼吸運動及比較緩和的運動，量不可過大，要使肌肉主動放鬆，使身體逐步恢復到安靜狀態。

　　劇烈跑步後進行慢跑，可使心腦血管系統、呼吸系統仍保持在較高運轉水準，有利於肌肉中的代謝產物 —— 乳酸的排除。做關節操和伸展練習可以使緊張的肌肉放鬆，改善肌肉血液循環，減輕肌肉的疫痛和僵硬程度，消除區域性疲勞，對預防運動損傷也有良好作用。運動醫學認為，肌肉拉傷的原因主要有兩點：一是在完成動作時，肌肉主動猛烈地收縮超過了自身的負擔能力；二是由於突然被動的過度拉長，超過了肌肉的伸展極限。而放鬆活動對肌肉拉傷具有一定的預防作用。在訓練之後身體許多部位的肌肉還會繼續處於高度緊張狀態，如果不及時減壓，很容易導致肌肉過度疲勞，影響肌肉以後的正常運動。因此，科學的放鬆活動和準備活動一樣，能有效預防肌肉拉傷。

　　推薦幾種放鬆方法：

①上肢放鬆運動

身體站立，雙腿自然叉開的同時微微彎腰，使上肢自然前傾下垂，雙肩雙臂反覆抖動大約1分鐘，至雙臂發熱為止。抖動的同時，可以活動一下手腕和手指，效果更佳。

②下肢放鬆運動

使身體呈仰臥姿勢，向上舉起雙腿，同時用雙手拍扣、按摩雙腿，腳尖稍稍用力顫動大腿和小腿，順帶顫動臀、腹、腰部等。

③團身抱膝運動

保持身體呈下蹲姿勢，用雙手環抱膝蓋，同時盡量低頭（以下巴靠到前胸為佳）再抬起，大約做 20～30 次。

全身休整運動：雙膝彎曲，上身向前傾使雙手扶地，此時充分運用氣息，深吸氣於胸，然後氣沉丹田。如此反覆幾次，然後上身慢慢抬起，直立，直至脈搏恢復正常值。

（二）拉伸

拉伸也屬於跑步後放鬆的一種方式。這裡推薦靜力性拉伸放鬆法。

靜力性拉伸放鬆是由靜止開始，緩慢地將所要放鬆的身體部位的肌肉韌帶拉長，達到一定程度後靜止不動，並保持

此拉長狀態一段時間。跑步結束後，跑步者進行拉伸練習，可以使僵硬疲勞的肌肉得到放鬆，促進血液循環，並調節緊張的心理。對跑步者來說，做拉伸放鬆練習，主要包括肩、臂、背、椎、腰、膝、踝等部位的肌肉和韌帶的拉長伸展，重點拉伸放鬆腰大肌、大腿前後群、內外側肌肉和小腿肌肉等。

可以參照做「跑前熱身」的拉伸動作

（三）按摩

按摩是消除疲勞的常用手段，按摩不但能促進大腦皮層興奮與抑制的轉換，使神經調節功能恢復正常，還能促進血液循環，加強區域性血液供應，消除疲勞。

按摩分為全身按摩和區域性按摩，全身按摩應在訓練後 2.5 ～ 3 小時進行。跑步者先是俯臥在墊子上，調節呼吸，排除雜念，全身放鬆，接著由別人對其進行按摩放鬆。按摩身體部位的順序是肩、背、腰、大腿、小腿等後部肌肉韌帶，重點按摩腰和大腿的肌肉、韌帶。然後跑步者仰臥在墊子上，全身放鬆，大腦默想「放鬆、放鬆……」並對大腿前群肌肉、韌帶進行放鬆。最後，點按其「合谷」、「足三里」和「腎俞」三穴，每穴點按 30 ～ 60 秒鐘，結束全身按摩。

區域性按摩可在訓練過程中或訓練結束後進行，也稱為運動後按摩，可視為整理運動的一部分，時間在 10 ～ 15 分鐘，主要用於消除肌肉僵硬和區域性疲勞。在運動時堆積在肌肉中的乳（無氧代謝產物）可以透過運動後按摩盡快地被轉化或排出。運動後按摩一般應在運動後 20 ～ 30 分鐘進行。按摩的順序，開始可先做輕推摩、擦摩、揉捏、按壓和叩打，同時配以區域性抖動和被動活動，手法可隨部位的不同而加以選擇。運動後按摩可採用相互按摩或跑步者的自我按摩。

1.腳掌：用大拇指輕輕按腳掌，力道要適中，不要太用力了。

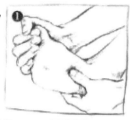

2.腳背：用手幫助腳趾彎曲，這樣可以伸展足背部的肌肉。

3.腳趾：將手指插入腳趾的趾縫間，充分伸展腳趾。

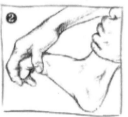

4.小腿肚：用手抓住小腿肚，由上至下輕輕按摩、揉捏，幫助緊張的小腿肌肉放鬆。

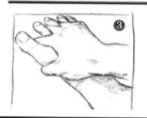

5.大腿前側：用手掌輕輕按壓、揉搓大腿前側肌肉，幫助血液循環。

6.大腿後側：雙手交握，夾住大腿後側，用手掌的拇指球輕輕按摩大腿後側肌肉。

7.肩膀：右手彎曲抓住肩膀部。將手指放在感到緊繃的肩部，用手指輕輕按壓，揉捏。左手輔助右手穩定，左右換邊交替進行。

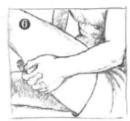

8.腰部：雙手握拳，輕輕敲打腰部周圍，幫助腰肌放鬆。

9.上手臂：用手掌握住上手臂，由上至下輕輕按壓，揉擺上臂肌肉。

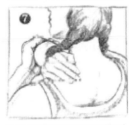

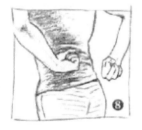

跑步後的按摩

（四）沐浴

溫水浴（水溫 30 ～ 40℃）可刺激血管擴張，促進新陳代謝和血液循環，有利於機體內營養物質的運輸和代謝物質的排出，對心臟活動和神經系統有鎮靜作用，可以加速疲勞的消除。

溫水浴時間勿超過 20 分鐘，以免加重疲勞。此外，要注意的是，運動後不宜即刻進行溫水浴，而應休息 40 分鐘以上，要等心率在每分鐘 120 次以下，身體平靜下來以後再沐浴。

■ 二、運動後的深度恢復

（一）心理恢復

運動恢復不僅包括生理機能的恢復，還包括心理機能的恢復。心理學手段也是加快跑步後疲勞消除的重要途徑之一。通常採用的心理手段有放鬆訓練、呼吸調整、催眠暗示、心理調節、氣功等，主要是透過誘導性的語言和自我暗示使肌肉得以放鬆，使神經、呼吸和循環系統的機能快速得到改善和恢復，從而使機體的疲勞盡快消除。

心理恢復就是讓運動員從生理上和心理上都得到恢復，不僅可以使運動員消除肌肉緊張，恢復內臟功能，而且還能使運動員在精神上得到調節，心理上獲得放鬆，最後產生運動訓練後的愉悅感。

以下是專業運動員的心理恢復法，跑步者可作為參考：

讓運動員仰臥在墊子上，全身放鬆，調整好呼吸，排除雜念，集中注意力，雙目微閉，大腦默唸：「我現在很愉快，已經很好地完成了訓練任務。我現在很安靜，全身心得到了

放鬆，也很舒服。我的大腦非常安靜，內臟器官的功能得到了恢復。我全身心都非常放鬆，疲勞立刻就會消除，身心能量也會得到恢復。」

把注意力集中到腹部的丹田上，意守片刻，想像自己全身感到發熱。有一股暖流從頭頂「百會」穴進入大腦，這股暖流沿頭頂往下走，所到之處身體就會感到發熱。這時有三條放鬆途徑：

第一條線（身體兩側）：從「百會」穴開始，沿頭部兩側面 - 兩耳 - 頸部兩側面 - 兩肩 - 兩上臂 - 兩肘關節 - 兩前臂 - 兩手，意守中指的「中衝」穴；

第二條線（身體前面）：從「百會」穴開始，沿臉部前面 - 頸前部 - 胸部（心、肺）- 腹部（內臟的肝、脾、腎）- 兩大腿前部 - 兩膝關節 - 兩小腿前部 - 兩腳，意守大腳趾的「大敦」穴；

第三條線（身體後面）：從「百會」穴開始，沿頭部後面 - 頸後部 - 背部 - 腰部 - 兩大腿後部 - 兩膝關節 - 兩小腿後部 - 兩跟腱 - 兩腳底，意守「湧泉」穴。

（二）睡眠

良好而充足的睡眠是消除疲勞、恢復體力的最直接、最有效的方法。人體在睡眠時，大腦皮層的絕大部分處於抑制

狀態,體內分解代謝處於最低水準,而合成代謝則相對活躍,這有利於體內能量的蓄積和各器官系統的全面恢復。在大運動量跑步練習後,睡眠時間應適當延長。

(三)營養補充

合理營養是消除疲勞或預防疲勞的重要手段。跑步後,膳食方面應特別注意補充能量和維生素,尤其是糖、維生素C及維生素B,應選吃富有營養和易於消化的食品,多吃新鮮蔬菜、水果,少吃油炸和加工食品。夏季出汗多時,應及時補充礦物質和水。另外,長跑活動後應適當多吃一些鹼性食物,如海帶、紫菜、各種新鮮蔬菜、水果、豆製品、乳類、含有豐富脂溶性維生素和鐵的動物肝臟等,這些食物經過人體消化吸收後,可以迅速使血液酸度降低,中和平衡達到弱鹼性,有利於消除疲勞。

訓練後放鬆時也要注意補充水分。汗液中主要的電解質是鈉和氯離子,還有少量的鉀和鈣。鈉離子和氯離子流失會使身體無法適時調節體液與溫度等生理變化,在訓練後,最好選擇飲用淡鹽水或者運動飲料等,這樣不但可以補充水分,裡面含有的鈉、鉀、氯離子及葡萄糖等,還可以補充流失的電解質和鹽分。另外,劇烈運動後忌喝冰水。

（四）藥物恢復

　　一些營養物品和中藥材對消除疲勞、恢復體力有良好的作用。例如人蔘已被證明能增加腦力，延緩疲勞，提高工作能力，同時能降低膽固醇，促進鐵的代謝和健腸胃，並能提高耐力；五味子、蜂蜜等也已被證明可加速消除疲勞。

　　從中醫角度來看，運動員的疲勞是因為氣血在運動中消耗過多引起的。為了盡快地消除疲勞，加速體內的新陳代謝，使運動員的體能恢復到原有的水準，除了必須補充適量的水和食物外，還必須補充氣和血。一些以人參、當歸、白朮、枸杞子、茯苓、白芍、杜仲、大棗等為主要成分的中藥湯劑，可以在短時間內消除運動員的身心疲勞。

（五）吸氧

　　劇烈的運動或比賽後吸氧，對疲勞的消除作用明顯。運動員在長跑、超長距離比賽後吸氧具有特殊的效果，有助於盡快消除氧債。

■ 三、運動後的超量恢復

　　在運動後的恢復過程中，人體體內被消耗的能量物質（ATP、蛋白質、糖和無機鹽等）不僅能恢復到運動前的原有水準，而且在一段時間內可出現超過原有水準的現象，稱為超量恢復。

恢復過程可簡要地分為三個階段。

（一）運動時的恢復階段

運動時人體的能量消耗過程（分解過程）占優勢，恢復過程（合成過程）也在進行，只是由於身體運動時間長、強度大，而消耗能量較多，身體各器官系統發揮最大的機能能力參與恢復（再合成），也滿足不了消耗的需求，造成消耗多於恢復，體內的能量物質不斷減少，身體活動的機能能力下降。

（二）運動後的恢復階段

運動停止後能量物質的消耗減弱，恢復過程就明顯占優勢，這時各種能源物質和各器官系統的機能能力逐漸恢復到原來（運動前）的水準。

（三）超量恢復階段

運動實踐證明，人體運動後的能量物質和各器官系統的機能能力，在一段時間裡可以超過原來的水準，維持一段時間後又回到原來水準。

一般來講，在超量恢復階段進行下一次鍛鍊或訓練效果最好，運動成績提高最快。因為在這個階段體內能量物質最充足，機能水準也高，可以適當加大運動負荷，形成更高層次的超量恢復。下次運動時間過早或過晚都會影響運動效果。

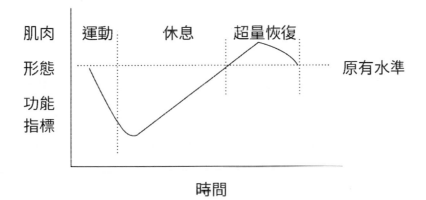

超量恢復示意圖

　　仕一定生理範圍內，叮以最大限度地提高人體機能和健康水準。運動負荷是施加於身體的一種綜合刺激，根據刺激與反應的生物學原理，在一定的生理範圍內，運動負荷越大，人體的機能反應越大，能量消耗也越多，引起的超量恢復也越明顯，鍛鍊或訓練效果就越好。所以，超量恢復是人體從事大運動負荷（極限負荷）的十分重要的生理學依據。

　　超量恢復並非是無原則的運動負荷越大就越明顯。無論是哪種性質的身體運動都要在生理「極限」範圍內進行大負荷練習，負荷過小，則練習無效果；負荷超生理「極限」，則可能傷害身體，影響健康。

■ 四、跑步中的慢性受傷

　　由於經年累月的運動，或突然增加的運動量（提高速度、延長跑步距離），或在跑步前沒有進行充分的熱身，或不正確的跑步姿勢，都有可能造成跑步者身體損傷。跑步者損傷的部位大都出現在腿部，而大約四分之三的受傷發生在膝部及其以下位置：膝關節、小腿及脛骨、髂脛帶（連線臀部和膝頭外側的細長結締組織）、跟腱、腳。跑步速度與受傷位置的高度有關聯，速度越快，受傷位置越高。這可能是因為跑步速度提高後，步長和腿部力量增加，腿部的發力點也相應提高。

　　專業運動員的受傷部位有可能偏高，如發生髖關節骨折，而業餘跑步者的受傷部位大多在大腿以下。跑步者常見的跑步損傷按其發作的原因，可分為「慢性」運動受傷和「急性」運動受傷。

　　「慢性」運動受傷大都由於勞損，即過度使用身體某一部位造成。如肌肉的力量一般比骨骼的力量增長得快，在肌肉適應了訓練量的一段時期，由於骨骼未能完全承受外來力量，這時如果未經一段時間的強化訓練而突然增加訓練量，就容易出現疲勞性骨折及其他勞損症狀；還有的情況是，當小腿肌肉和大腿後肌因訓練變得有力和結實時，四頭肌和脛

骨前後的肌肉會相對地變得衰弱，脛骨前面肌肉的力量不足，就降低了腳著地後緩衝撞擊力的能力，導致小腿過早出現疲勞而損傷。跑步者如果在訓練中不能循序漸進，而是貪多求快，不注重身體能力的協調發展，就極有可能造成「慢性」運動受傷。

這類損傷主要有膝關節內側痛、膝蓋骨腱炎、膝蓋骨後痛、膝關節外側痛、應力性骨折、跟腱炎、腳底筋膜炎等。

對於這類損傷的治療，一般採用冰敷（72 小時後，待腫脹得到控制，再用熱敷）、使用消炎藥、加強肌肉的力量或骨骼的承受能力、降低訓練量、必要時停止跑步一段時間等辦法。

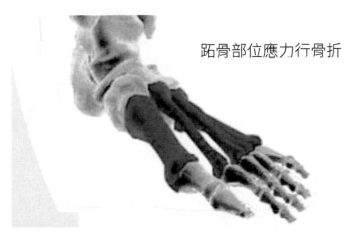

跖骨部位應力行骨折

所有跑步者均有可能發生的損傷：應力性骨折。應力性骨折是指由於內在或外在的微小創傷反覆作用於骨骼，超過了骨組織的自身調節能力，最終造成完全或不完全骨折，又稱為疲勞性骨折。

本來身體會透過重新塑造骨骼而自行修補這些創傷，但如果修補的速度追不上創傷的速度，就有可能發展成應力性骨折。應力性骨折如果早期不能正確診斷和治療，可能會造成運動員運動壽命的縮短。

跑步中脛骨是最容易發生骨折的部位，其他容易發生應力性骨折的部位按發生的頻率高低排序依次是腳趾骨、腓骨、股骨、踝骨和恥骨。

在發生應力性骨折前，跑步者通常會感到區域性部位疼痛，這種疼痛在休息和走路時不嚴重，但是一跑起步來就會加劇，這通常也是診斷應力性骨折的最主要症狀。以下還有一些檢查手法來判斷是否有應力性骨折：

1. 某一部位（通常在下肢）沒有受到過外部激烈的碰撞而出現突然性疼痛，而且這種疼痛使人不能繼續跑步，或者很難繼續跑步。
2. 單足站立時區域性出現疼痛，或者單足跳時出現疼痛。
3. 用手指壓痛處時出現鑽心的疼痛感。
4. 疼痛點在完全停止跑步後一段時間內會自然消除。

治療方法一般用冰敷（運動後，一日數次），情況更嚴重時可能要用夾板或石膏固定。

預防應力性骨折的發生，可以採用一些物理方法，如穿合適的震盪吸收鞋墊和運動鞋，避免突然更換跑道或鞋，訓練期間確保足夠的營養，限制運動量，避免過度訓練等。

五、跑步中的急性受傷

「急性」運動受傷指跑步中出現的肌肉、肌腱、韌帶等軟組織拉傷或扭傷。軟組織受傷會造成血液和體液聚積在受傷部位，形成腫脹。腫脹限制了關節的活動範圍，一般會有疼痛的感覺。

治療「急性」運動受傷，通常採用的是「保護」、「休息」、「冰敷」、「加壓」和「抬高」五方法。

「保護」就是保護受傷部位免受二次傷害。

「休息」就是要求鍛鍊者立即停止運動。

「冰敷」就是在傷處用溼毛巾包上冰塊，在受傷後 48 小時內，每 2 ～ 3 小時冰敷 20 ～ 30 分鐘，當受傷位置感到麻木時，立即移開冰袋，用繃帶包紮並抬高傷處。冰敷可以緩解腫脹、疼痛及痙攣，但要注意冰敷的時間不要過長，長時間冰敷會發生凍傷。在使用冰敷三日後，如傷腫未能減輕，最好不要立即使用熱敷。

「加壓」就是透過壓迫減輕區域性傷害的腫脹以及內出血，常見於包紮時，用彈性繃帶自傷處幾寸之下開始往上包，以螺旋狀重疊繃帶，平均而且輕微施力纏繞，到傷處時用力減小。如果因為包紮產生疼痛、皮膚變色、麻痺、瘀紫等現象，則表明包紮過緊。避免腫脹應連續使用繃帶包紮18～24小時。

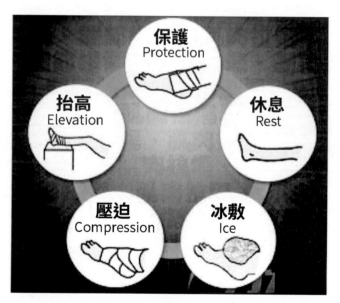

急性運動受傷處理的五個方法

「抬高」就是要降低受傷部位的血液及組織液積聚以減輕腫脹。適當的抬高方法是將受傷的部位抬得比心臟位置高一

些，下肢受傷時，可以讓患者躺下並將患肢包紮壓迫、冰敷以及抬高傷部，這都是為了減少血液循環到受傷部位，從而避免腫脹。

對於以上兩類損傷的治療，也可按中醫通則不痛、痛則不通的理論，內服外擦（敷）。

1. 內服雲南白藥膠囊、三七片、紅藥等活血止痛的藥物。
2. 外用「活絡油」、「紅花油」等藥塗抹，並進行按摩，先簡單從痛點的周圍開始，然後再集中按摩痛點，使其經脈通暢。
3. 外敷活血止痛膏。
4. 精神上放鬆，不要有思想負擔。

經過以上處理，如果損傷處還不見好轉，就要尋求醫生的幫助了。

一般青草科（中醫的一個門類）醫生的青草藥敷治比較有效。

除此之外，有的人在跑步過程還會出現「水泡」。和其他傷痛相比，這可以算是一種「皮外傷」。出現水泡大多是由鞋子不合腳或襪子厚度不一（如補過的襪子和穿破的襪子），腳在跑步過程中長時間摩擦所致。可用經過消毒的針灸破水泡，再以消毒藥水清洗傷口，然後貼上 OK 繃。

■ 六、科學預防跑步引起的損傷

碎片化的知識遠遠不足以讓你學會跑步並且避免受傷，你需要的是系統學習跑步的知識。首先請記住，跑步真的需要學習，而且要學習的很多。

菜鳥入門，要好好閱讀一些有關跑步的著作，並挑選一本作為自己的範本，並據此制定適合自己的跑步計畫，嚴格遵守這個訓練計畫，跑得越慢越好，三個月後你就能安全不受傷地長距離跑了。

很多跑步者都不知道循序漸進的道理，幾年不運動，心血來潮或下定決心，上來就想跑幾公里，然後再次有了氣喘吁吁、精疲力竭的感覺，告訴自己要堅持，然後堅持幾天就找藉口不跑了。這種事我也做過，但是後來機緣巧合下才發現跑步原來根本不需要堅持，跑步原來可以很愉快。我之前也回答過類似問題，如大家都是怎麼堅持運動的，累時在想什麼。如果你平時沒有運動的習慣，請從「走一分鐘，跑一分鐘，重複十次」這樣的強度開始吧。

如果十三週後你發現自己已經中了跑毒，想做一個好的跑步者，那麼你需要照著尼可拉斯·羅曼諾夫（Nicholas Romanov）博士所作的《跑步，該怎麼跑》（*Pose Method of Running*）這本書系統練習跑姿，打造屬於跑步者的身體和心理。「姿勢跑法」起碼練上半年才能見效果，且這本書足夠你

練上一輩子。我聽到一個說法，70％的跑步者都受傷，如果你想做那30％的少數，好好讀這本書，然後重點是實踐它。

等到身體、心理和跑步技術都練出來，你就可以考慮跑馬拉松了，約翰·漢弗萊（John Hnmphreys）和羅恩·霍爾曼（Ron Holman）合著的《怎樣跑馬拉松》和理查·內魯卡（Richard Nerurkar）所作《馬拉松跑：從新手到世界冠軍》上的訓練計畫和飲食指導絕對適合你。

簡單地說，預防跑步引起的損傷你需要注意：

1. 跑步前要充分熱身，讓關節和韌帶得到伸展。
2. 每週要有一兩天的休息時間讓身體得到恢復。
3. 高強度訓練之後要有兩天以上的低強度訓練或休息，訓練計畫不能太緊密。
4. 定期對身體組織進行深度按摩，防止疲勞堆積，並盡可能發現潛在的傷痛部位。
5. 做拉伸練習也要適度，超出身體限度的拉伸動作也會帶來損傷。
6. 不要太經常參加比賽，哪怕是 10 公里比賽，一般跑步者一年最好不要參加超過兩次的馬拉松比賽。馬拉松比賽前一個月內，不能進行 30 公里以上的長距離跑。
7. 跑步結束後要做放鬆運動，讓身體安全、有序地回歸平靜狀態。

第四章
營養

■ 一、每天需補充的六種營養

　　人體在日常生活和運動中都需要六大營養成分：糖（碳水化合物）、脂肪、蛋白質、維生素、礦物質和水。

（一）糖

　　糖是主要的運動能量來源。醫學上所稱的「糖」指碳水化合物，是由碳、氫和氧原子組成的化合物的總稱，分單糖、雙糖和多糖，通常也分為複合性與單一性碳水化合物。運動所需的是複合性碳水化合物，而不是單一性碳水化合物。

　　複合性碳水化合物也叫做澱粉食物，一般是較自然而未加精煉的食品，包括馬鈴薯、全麥麵包、麵類、穀類食物、糙米、水果、豆類和蔬菜（根莖類）等。它們含有纖維質、維生素及礦物質等營養素。複合性碳水化合物含有鉻，不易造成血糖大幅起落，因而能穩定血糖；而單一性碳水化合物會刺激胰臟分泌胰島素，使血糖下降。胰島素分泌過度會使體內儲存更多脂肪。複合性碳水化合物還能增加肌肉肝糖的

含量,同時也能增加細胞保留水分的能力,這樣便可緩解運動中的脫水問題。

　　單一性碳水化合物是精製過的食品,通常吃起來是甜的,如糖漿、糖水、蛋糕、餅乾等,它只含熱量而含其他營養素很少。攝入單一性碳水化合物會增加血中膽固醇和三酸甘油酯含量,增大心臟病發病機率,還會增高血中尿酸,從而引發痛風。

　　食物中的碳水化合物,都要先分解成葡萄糖,才能被血液運送到細胞以提供能量。當這些葡萄糖不能滿足能量的需求時肝臟及肌肉的肝糖就會被動用來提供能量,而過剩的糖分會以肝糖的形式儲存起來。不過當肝糖儲滿後,剩餘的糖分便會被轉化成脂肪,儲存在皮膚下的脂肪細胞中。因此即使是以碳水化合物為主的飲食,如果吸收了過多的熱量,也會導致體內脂肪含量的增加。

(二)脂肪

　　脂肪也是由碳、氫和氧的原子組成的,有飽和脂肪與不飽和脂肪兩種。一般來說,植物油內的脂肪都是不飽和脂肪。不飽和脂肪比飽和脂肪更有益於健康。攝取不飽和脂肪與攝取飽和脂肪相比,可以降低患上心血管疾病和各種癌症(如直腸癌)的機會。

脂蛋白是血液中運送脂肪的主要形態，它是血脂和蛋白質的結合體。高密度脂蛋白包含較多的蛋白質和相對少的膽固醇；低密度脂蛋白包含較多的脂肪和相對少的蛋白質。低密度脂蛋白較容易黏附在動脈的血管壁上，讓血管變得狹窄而逐漸形成冠心病。反過來說，高密度脂蛋白能夠帶走血管壁上的膽固醇，也能搶占血管壁上的陣地，令低密度脂蛋白無處黏附，因而有助於預防心血管疾病。

（三）蛋白質

蛋白質是組成人體細胞的重要成分，也是身體不可或缺的能量來源，其熱量高於糖類而低於脂肪，但較難消化，其中膠原蛋白是養顏及提高免疫能力之妙品。蛋白質除了碳、氫、氧外，還包含了氮元素，包括 20 種不同的胺基酸，其中 8 種不可以在人體內合成，必須從食物中攝取，稱為必需胺基酸；其餘 12 種可以在人體內合成，稱為非必需胺基酸。成人每天應攝取約 0.7 克／每公斤體重的蛋白質，最少也要有 0.356 克／公斤體重，但亦不可高於 1 克／每公斤體重的攝取量，否則蛋白質會提高腎臟的代謝負擔。

（四）礦物質

礦物質和維生素雖然不含能量，但它們均是維持人體正常執行的重要營養素，在調節機體代謝、酸鹼度平衡、體

溫、神經肌肉興奮性、心血管功能和維持運動能力方面發揮著重要作用。

　　長跑者的運動量較大，一些礦物質容易隨汗液被排出體外，因此需要重點補充礦物質，其中最重要的有鐵和鈣，膳食中鐵和鈣的來源為動物肝臟、蛋類、豆類、芝麻、黑木耳、豬血、奶製品、海產品和蔬菜、水果等。

（五）維生素

　　由於運動過程中能量的消耗和一些自由基的產生，長跑者對一些維生素的需求要大於常人，比如維生素 C 和維生素 B，前者有提高耐力、消除疲勞、抗氧化和促進損傷恢復的作用，後者可以保護肌肉纖維、防治炎症、增強食欲。

　　一般來說，均衡的飲食已能夠提供足夠的維生素和礦物質，額外補充維生素或礦物質對提高運動成績並無太大幫助。除有特別需求，如每週跑量多於五十公里，需要補充額外的抗氧化劑以防衰老，否則，沒有必要再額外攝取。

（六）水

　　水也不含熱量，但卻是人體內的重要介質。在一般的氣溫下，人體每天會排放 500 毫升至 700 毫升的汗液，但在酷熱的天氣做劇烈運動時，汗液的流失可以高達 800 毫升至 1200 毫升。馬拉松選手在正式比賽中會因汗液的流失體重下

降 6%～ 10%。跑步過程中水分的丟失，會使人心率升高，循環血液減少，體溫升高，疲勞加速，而在長跑中補充水分則能有效降低體溫，延緩疲勞，增長運動時間。研究顯示，若運動中失水量達到體重的 5%，運動能力會降低 20%～ 30%，而且容易出現肌肉痙攣。因此，進行長時間的耐力運動時，水分的補充更顯重要。

■ 二、提高升糖指數是關鍵

食物在人體內分解時所釋放出的能量，必須先用來製造一種名為三磷酸腺苷（簡稱 ATP）的高能量化合物，並儲存於肌肉細胞之中，只有 ATP 被分解時所釋放出的能量，才能直接被應用到肌肉活動當中。

人體在運動的不同階段，分別由三個不同的系統提供能量，其中兩個可以在沒有氧氣的情況下合成 ATP，所以是無氧系統，它們是三磷酸腺苷－磷酸肌酸系統（ATP-PC 系統）和乳酸系統；另一個則要在氧氣充裕的情況下才能正常運作，所以是有氧系統。除了糖原之外，有氧系統還可以用脂肪及蛋白質作為燃料合成 ATP。有氧系統可以生產數量無限多的 ATP。

短跑及其他持續時間較短的運動專案，主要由無氧系統提供能量；長跑等持續 10 分鐘以上的運動專案則使用有氧系

統。ATP-PC 系統及乳酸系統只在運動開始的階段，即機體的攝氧量進入穩定狀態之前（通常需要 2 ～ 3 分鐘），或運動中途及最後衝刺時起積極的作用。

在長跑有氧供能系統的能量消耗過程中，先是由糖原提供運動能量，30 分鐘後，脂肪開始供能且比例會逐漸加大。隨著運動時間的延長，肌糖原開始減少，肌肉會不停地從血液中吸取血糖，身體出現低血糖現象。當血糖低於一定值後，身體會提高脂肪供能的比例，以避免低血糖的發生。超過 90 分鐘，最多到 2 小時後，體內的糖原會逐漸被耗光，肌肉就不得不依靠脂肪和蛋白質來供能了。

由於體內肝糖含量有限，因此運動後要設法恢復肌肉肝糖含量。在長時間激烈運動後，要完全恢復肌肉內的肝糖含量至少要經過 48 小時。某些劇烈運動可能需要更長的時間來恢復。因劇烈運動造成的細胞受傷，也會影響肝糖的恢復或再形成，像跑完馬拉松後，需要約 7 日或更長時間來恢復肌肉內的肝糖含量。

在運動的各階段補充不同含糖指數的碳水化合物，有利於身體更好地發揮運動水準。

如果運動的時間在 60 ～ 90 分鐘，運動前補充低升糖指數食物，可以最大量地儲存肌肉內的原糖和穩定血糖水準，以長時間的供應糖類來提升耐力。如果運動的時間短於 60 分

鐘，可以選擇高升糖指數的食物，這些食物能很快被消化，迅速提供糖類。

運動中進食一些較高升糖指數的食物，適量補充糖，維持血糖水準，增加運動中糖和脂肪的供能量，降低肌糖原的損耗，減少蛋白質的供能比例，可使運動耐力增強，延緩疲勞的發生。

運動後攝取高升糖指數的碳水化合物，可以在短時間內提高血糖水準，恢復能量。

高碳水化合物食物的升糖指數

	食物	升糖指數 （葡萄糖＝100）
高升糖指數	葡萄糖	97
	玉米片	84
	快煮馬鈴薯片	83
	烤馬鈴薯	85
	運動飲料	95
	豆形糖果	80
	白麵包	70
	全麥麵包	69
	西瓜	72
	蜂蜜	73
	低澱粉的米飯	88
中升糖指數	快煮燕麥	66
	瑞士早餐碎片	68
	馬芬蛋糕	62
	汽水	68
	高澱粉米	59
	葛粉餅乾	66
	冰淇淋	61
	熟透的香蕉	52
	芒果	55
	橘子汁	57
	蔗糖	65
	麥片粥	61
低升糖指數	雜糧麵包	45
	麥皮碎片	42
	牛奶	27
	調味優格	33
	巧克力	49
	不熟的香蕉	30
	蘋果	36
	橘子	43
	義大利麵	41
	烤豆	48
	菜豆	27
	紅扁豆	26
	果糖	23

▓ 三、肌肉肝糖的超補方法

　　由於在長時間運動時（超過 60 分鐘），肌肉肝糖的低含量（因運動消耗）與疲勞有關，因此如何在比賽前增加肌肉肝糖含量而延遲疲勞的發生是從事耐力運動者十分關注的一個問題。

　　典型的肌肉肝糖超補方法：此方法是在比賽前一週內實施兩次衰竭運動（每次間隔三天），同時在第二次衰竭運動前後攝取不同碳水化合物含量之飲食。在第一次運動後連續三天食用低碳水化合物（約 10% CHO）食物，此時肌肉肝糖含量相當低而且會出現低血糖現象；在第二次衰竭運動後三天改食高碳水化合物之食物（約 90% CHO），肌肉肝糖的含量會大為增加，比平常的含量還要高出許多。

　　這種傳統的方法，由於具有下列缺點已較少被採用。

1. 食物特殊，不易被選手接受，含 10% 或 90% 左右的碳水化合物不易準備且難以滿足運動員的胃口。

2. 有運動傷害之危險，在第一次激烈運動之後三天均食用低碳水化合物食物，會使肌肉肝糖含量與血糖濃度降低，在體能與心理狀態皆不佳的情形下，再從事第二次激烈運動，傷害發生的可能性將更大。

3. 影響比賽成績，於比賽前三天從事激烈運動（即二次衰
   竭運動），可能會影響比賽時的體能與表現，選手不願
   嘗試。

由於有上列三點瑕疵，因此新的肝糖超補方法應運而生。

修正後的肌肉肝糖超補方法：在比賽前一星期逐漸減少
運動量（分別是運動 90 分鐘、40 分鐘、40 分鐘、20 分鐘、
20 分鐘、休息和比賽），且改變碳水化合物之攝取量，先攝
取三天 50% 的碳水化合物，再於比賽前三天攝取 70% 的碳水
化合物。這種方法亦可像典型肝糖超補方法一樣增加相當多
的肌肉肝糖含量，由於溫和可行，在美國已有長距離選手採
用此種方法來增進體能，改善成績。

缺點：增加肌肉肝糖含量，對於長時間的耐力性運動似
可改善其成績，但對少於 60 分鐘的耐力運動則影響不大，因
為在 70%～80% 最大能力下運動 60 分鐘，並不會使肌肉肝
糖含量低到影響成績的程度。但如果再繼續運動（即在 60 分
鐘運動後）30 分鐘，則對體能和成績的影響較大，因為這個
時候肌肉肝糖的含量會再減少許多。

■ 四、跑步後如何進行有效補水

在跑步過程中，飲料的選擇是根據運動時間來確定的，例如 80 分鐘以內的運動補充一般的白開水即可，而長時間運動則應補充含糖飲料，超長時間的運動，如馬拉松，則需補充含糖和電解質的飲料。

在運動前的 24 小時內，除了要攝取日常需要的水分（約 8 杯）外，在運動前的 2 ～ 3 小時，應喝進 500 毫升至 600 毫升的水或運動飲料；在運動前的 10 分鐘至 20 分鐘，應喝進 200 毫升至 300 毫升的水或運動飲料；每運動 10 分鐘至 20 分鐘，也要喝進 100 毫升至 200 毫升的水或運動飲料。

食用含適當鹽分的食物或飲料，可充分補充因流汗失去的電解質（鈉、鉀）。因過度飲水會造成水中毒，所以所採用的液體成分中應該含有一定比例的糖類、無機鹽類，但濃度均應較低，以低滲液體為佳，並應注意少量多次。一般認為，補液中糖的濃度不能超過 25g/L，無機鹽濃度不應超過 20g/L，每 10 ～ 15 分鐘應飲用 150 ～ 250ml 的低滲液體。

有不少參加過長跑甚至馬拉松比賽的跑步者反應，跑步結束之後會出現噁心甚至嘔吐的情況，嘔吐時間有時長達半個小時。有一位跑步者表示，他在跑馬拉松時只有遇到補給站時才會補水，其他時間都不喝水，但賽後還是出現了嘔吐

的情況。對於跑步後的嘔吐情況，以及跑步運動後應該如何
進行科學補水，專業跑步網站都給出了建議。

跑步者在運動後出現嘔吐的情況大體上有兩種原因，即
腸胃系統失調和中樞神經系統失調。通常情況下運動導致的
中樞神經系統失調包括腦震盪、勞累性中暑以及低鈉血症
等。腦震盪導致的中樞神經系統失調在跑步中很少出現，如
果氣溫不高，勞累性中暑也不易出現。出現機率最大的就是
低鈉血症，當補充的水多於你損失的水時，就容易出現低鈉
血症。

跑步會對腸胃系統產生影響，因為在跑步的時候，腸胃
系統的血流供應會減少，以便將更多的血液用於輸送氧、營
養素等，為肌肉的熱傳輸提供便利。在這種情況下，人體攝
入的水分可能就不會被很好地吸收，結果就是賽後可能會損
失這些水分。如果跑步者出汗較多，損失的水分占到體重的
4%，內臟就會停止吸收水分，從而產生噁心的感覺，甚至
嘔吐。

針對這一情況，跑步者可以在跑步前和跑步後分別稱一
下體重，對自己的水分損失有明確的了解，水分的補給量不
要超過損失量。跑步界一個常用的規則是，當口渴時才補水。

當覺得口渴的時候，往往已經達到脫水的程度，但也只
是想稍微喝點水的感覺，所以必須喝超過想喝的水的分量。

　　運動結束後，要透過補充含碳水化合物的汽水、果汁或蔬菜汁、牛奶（根據運動時間長短補充 250 毫升升到 500 毫升水）來排除體內毒素，攝取相當於體重流失（比較運動前後體重的相差，便可知道脫水的情況）150％的水分，以防止出現脫水的情況。

■ 五、訓練前的飲食安排

　　總的來說，比賽或訓練的最佳進食時間是賽前 2 ～ 3 小時，但如進食易消化的葡萄糖則可縮短至賽前一小時半。此外，脂肪和蛋白質消化較慢，應在運動前 3 ～ 4 小時食用；碳水化合物（穀類、果汁）較易消化，可在運動前兩小時食用。

長期跑步需要合理飲食

　　運動前 30 分鐘宜飲用流質食物，一般不會對運動造成不良影響，但不宜飲用糖分太高的飲料，以免因胰島素的分泌而降低血糖的濃度，從而降低運動時的能量來源，妨礙運用脂肪作為燃料的功能，導致運動開始後不久便出現疲勞，最終影響運動成績。

　　還需注意的是運動前應避免食用容易產生氣體的食物。

　　如果想在比賽或練習中有好的成績，在前一天就要考慮飲食的營養結構，從晚餐開始，做好合理的營養安排。

①上午八點進行比賽或練習的飲食安排

前一天晚餐和夜間加餐一定要富含糖類，喝足夠的水，儘管如此，肝臟中肝糖的含量經過一個晚上已經降低，在練習或賽前就要透過補充糖類來提高運動成績。

在運動前 90 ～ 120 分鐘吃少量的早餐，例如麵包加果醬，或是水果。但有的食物含太多脂肪，如漢堡、含肉比較多的包子等，既無法提供足夠的糖類，又因不容易消化，會在胃中停留比較長的時間，從而影響比賽或練習，就要避免食用。

牛奶也會讓有些人感到腸胃不適，因此也不宜食用。

如果吃得比較豐盛，就要提前兩三個小時進食，以保證充分的消化時間。

如果不能提前進食，在運動前半小時喝一些運動飲料、吃幾片麵包以補充夜間體內消耗的肝糖也是可以的。

②上午十點進行比賽或練習的飲食安排

前一天的晚餐和夜間點心要富含糖類，補充足夠的水分。

早餐時間宜在當天七點，豐盛而富含高糖類，保證有充足的時間消化食物，補充肝糖，且不會有腸胃不適的感覺。要避免油膩食物，因為其消化時間長，且提供的是脂肪，而不是我們需要的糖類。

③下午四點進行比賽或練習的飲食安排

　　前一天的晚餐和夜間點心要富含糖類，喝足夠的水。當天早餐要豐盛，午餐要吃高糖類食物。午餐時間要在十二點，到下午三點時吃少量高糖類點心。

　　一天中必須保證飲用充足的水。如果吃得較少，可以從早上開始每 1 ～ 2 小時喝一大杯果汁，以保證體內有足夠的肝糖含量。比賽或練習開始前半個小時再最後一次補充運動飲料。

④晚上八點進行比賽或練習的飲食安排

　　當天三餐要吃豐盛而富含糖類的食物，晚餐安排在下午五點。或者在下午六點吃少量但是富含高糖類的晚餐，避免高脂肪、不易消化的食物，如油炸食物、漢堡、肥肉等。

　　總之，不管是什麼時間比賽、練習，通常的原則是，前一天晚餐和夜間點心必須富含糖類，喝充足的水。當天運動前兩小時的正餐要富含糖類，前一個小時再吃少量的高糖類點心，例如麵包、果汁或水果等。運動前半小時補充運動飲料。

第五章
常識

....

■ 一、什麼人不適合跑步

跑步是老少咸宜的運動，一般來說只要腰、膝蓋和腳踝沒有問題，身體條件又允許運動，都可以參加跑步。但對於一些特殊人群，進行跑步活動的時候還是得特別注意。歲數太小的小孩、身體情況特殊的女性、有疾病在身或剛做過手術的人以及老年人，都有部分不適合跑步或者完全不適合跑步的情況。

（一）年齡太小，慎跑步

有些家長喜歡每天清晨練長跑時拉著幾歲大的孩子一起跑，這是不對的。因為兒童正處於生長發育階段，肌肉縱向發展，肌力差，強度過大的長跑易使其肌肉疲勞，影響肌肉的正常發育。

兒童心臟較小，收縮力較弱，加上兒童胸廓小，肺通氣量亦小，攝氧能力差，強度過大的長跑會加重其心肺負擔，造成氧氣供應不足。兒童長跑應量力而行、循序漸進，一般認為 12 歲以下的小孩每次跑步不宜超過 1,000 公尺。

（二）身有疾病，不宜跑

有以下情況之一的，不適宜跑步：

1. 近三個月內曾發生過心絞痛者；
2. 作輕微動作就覺胸痛者；
3. 重症心瓣膜病患者；
4. 患先天性心臟病，運動能引起發作者；
5. 病理性心臟肥大者；
6. 高度心律不齊者；
7. 服降壓藥後，血壓仍在 180/110 毫米汞柱以上的嚴重高血壓病患者。

還有各種內臟病急性發作階段的患者，如肝炎患者轉氨酶升高時期、活動性肺結核、急性腎臟病、糖尿病較嚴重階段和具有出血和出血傾向的患者，如支氣管擴張吐血、消化道出血患者等，都不適宜跑步。另外，手術癒後 3 個月內的人不宜跑步。

（三）女性三個時期不適合跑步

女性在生理期應該中斷跑步，停跑兩三天很有必要，也不影響訓練效果。如果因個人體質問題需要停跑更長時間，又不想影響鍛鍊效果，可以選擇不那麼劇烈的運動項目作為交叉訓練，比如靠背坐式固定單車、瑜伽、力量練習等等。

孕婦適合的運動包括散步、騎腳踏車、孕婦體操等，而不適合跑步、跳躍以及球類等過於激烈或震動性較大的運動。運動時，如感覺累應及時休息，千萬不能逞強或與別人比較。對於有流產史的孕婦，更不要從事劇烈的運動。

做流產或引產手術後 2～3 天，不適合堅持跑步運動而應臥床休息。以後可下床活動，逐漸增加活動時間。

（四）老年女性不適合跑步

人在過了 39 歲以後，身體形態和機能方面都會出現一系列的衰退現象，如身高開始逐漸降低，體重卻增加。

60 歲以上女性骨質疏鬆的患病率高達 60%～70%，如果加上體型較胖，脆弱的骨骼就很容易「不堪重負」，導致跑步時出現肌肉、肌腱、韌帶損傷等問題。

因此，60 歲以上的女性應盡量選擇負重不大的鍛鍊方式，比如槌球、散步、健身操、撞球、體操、太極拳、瑜伽、氣功、游泳、交誼舞等負重不大的運動，以更好地鍛鍊身體。

（五）三類老年人不適合跑步

①患有隱匿性疾病的老人

跑步有可能觸及或誘發其潛在的疾病。例如，有的老人患有膽結石病，雖從未發過病，但即使慢跑，也有可能使位於膽囊底部的結石震落到膽囊頸部而引發絞痛。

②體形較胖的老年人

這類老人骨骼變脆、肌肉韌帶變硬，若跑步，易致肌肉、肌腱、韌帶損傷。這類老年人不宜跑步，而應以練太極拳、氣功或體操為主。

③患嚴重高血壓、冠心病、支氣管炎等疾病的老人

這類老人跑步時機體耗氧量增加，易導致缺氧，進而誘發心肌梗死或腦血管意外。

■ 二、早上跑還是晚上跑

「哪個時間跑步是最佳時間？」對於這個問題，答案是無論早上、中午還是晚上，只要是自己能堅持的時間就是最佳時間。

早起晨跑可以養成良好的生活習慣，彷彿這一天會比別人多出來 1 ～ 2 個小時，新的一天由運動開始會讓你活力倍增，比喝咖啡還要有效。早晨是一天的開始，也是心情舒暢的起點。由於早晨是人體體溫最低的時候，晨跑讓體溫上升，對提升一整天的基礎代謝有好處。但是晨跑對於沒有早起習慣的人來說，很難堅持，尤其是寒冬時，也容易給心血管帶來較大負擔。

中午跑步，利用午休換上跑步裝備進行短時間跑步，既

能鍛鍊身體也不影響下午的工作，還可以避免下午犯睏，比午休效果要好。2005 年美國的一項調查報告中提到：當中午安排鍛鍊時，工人的情緒、生產率、工作質量以及效率都有顯著提升。但是對於上班族來說，中午跑步需要解決洗澡的問題，要不然下午整個辦公室可能就都是汗臭味了。

夜跑可以放鬆一天緊張工作或學習後的精神，大汗淋漓之後洗澡睡覺，運動產生的輕微疲憊感會讓你睡得特別香。晚上是人體體溫最高點，也是非常適合運動的時間。晚上一般來說時間較為充裕，比較容易安排跑步。但是經過白天的學習、工作，累積的疲勞也容易使我們偷懶放棄。對於女性來說，夜跑也相對不安全。另外，夜跑如果太晚結束還有可能影響睡眠。

所以，沒有絕對的「最佳」跑步時間，每個時段都有優缺點。跑步不是一項立竿見影的運動，需要長期堅持才能見到效果。能夠持之以恆的關鍵在於，哪個時間最適合你，最容易將跑步融入你的生活。有些人早晨起不來，那就可以安排夜跑；有些人夜跑後會過分興奮而影響睡眠，則可以考慮晨跑；有些人早出晚歸，晨跑和夜跑都沒時間，可以考慮午跑。

無論什麼時間跑，都要注意不要空腹或飽腹跑步。最佳時間是在飯後 2 ～ 3 小時，至少 1 小時。在清晨空腹跑步

時，最好提前 30 分鐘飲用一些補充體力的運動型飲料或吃根香蕉。

　　強調一下，如果你習慣早上跑步，那麼不要一起床就跑步，最好能夠熱身 20 分鐘再開始。這是因為剛起床時身體機能還沒有完全恢復，貿然進行運動，對心臟的負荷太大了，對此千萬不能忽視。另外，出發前可以吃一點熱量比較高的食物，比如一根香蕉、一塊巧克力等，以補充能量。

■ 三、跑步對環境的要求

　　視不同天氣每天堅持跑步，既可以鍛鍊意志，又可以增強體質。當然，汙染重的天氣不適合跑步。

　　冷天跑步：由於冷空氣的刺激，身體的造血機能發生變化，對疾病的抵抗力增強。所以，冷天堅持跑步的人，很少患貧血、感冒、氣管炎和肺炎等疾病。冷天一般陽光較微弱，在室外跑步能彌補曬太陽時間的不足，陽光可促進身體對鈣、磷的吸收，有助於骨骼生長發育。陽光中的紫外線還能殺死人體、衣服上的病菌，對人體造成「消毒作用」。

　　冷天氣溫較低，體表的血管遇冷收縮，血流緩慢，肌肉的黏滯性增高，韌帶的彈性和關節的靈活性降低，在跑步前要充分做好準備活動，防止發生運動損傷。此外，冷天跑步還要注意身體、手、耳的保暖，防止凍傷。

　熱天跑步：熱天氣溫高，如果跑步方法不當很容易中暑。在炎熱天氣跑步最好選擇較涼快的清晨和傍晚。白天跑步應盡量避開強陽光的直射，戴上帽子，防止日射病。

　風天跑步：風天跑步會感到呼吸費力，上不來氣，這時應掌握好呼吸的節奏和深度，不要張口吸氣，以防止冷風刺激咽喉和氣管，引起咳嗽。若風太大，塵土飛揚，可改在室內運動。

　霧天跑步：有霧的空氣和無霧一樣新鮮，只是空氣潮溼些，吸進體內不會影響身體健康，所以霧天也可以照常跑步。因霧天的能見度不好，跑步時速度要慢一些，以防止發生跌傷等意外事故。

　在有大氣汙染的地方，霧會阻止有害氣體向空中擴散，使空氣更加糟糕，在這樣的地方，霧天不宜在室外跑步。

　雨天跑步：若雨下得不大，可穿上短雨衣在柏油路上跑步，但速度不要太快，以免滑倒。跑完後要擦乾身體的汗跡和雨水，盡快換上乾衣服。

　雪天跑步：雪天跑步要戴好帽子和手套，選擇平坦的路面或在運動場上跑步，跑步時步伐要小，頻率要快，防止踏上不平的路面扭傷踝關節。雪天白雪茫茫，陽光下銀光刺眼，不宜在強陽光下的雪地裡跑步，以防止雪反射的光刺傷眼睛，引起雪盲症。

四、跑步會造成膝關節受傷嗎

「跑步傷膝蓋」這句話已經快讓你聽膩了吧？那「跑步會癱瘓」呢？到底是跑步對我們的消耗太強大了還是我們的身體太嬌氣了？或者這個問題可以成為你偷懶不想去跑步的藉口？

但是，跑步方法不對真的會導致我們癱瘓的！

Joan Benoit Samuelson（瓊·班諾特·薩繆爾森，首位女子奧運會馬拉松冠軍） 是一位美國馬拉松金牌運動員，如今已是年滿 58 歲的老太太，但依然跑得很好。

而另一方面，一位女高級主管每天堅持在跑步機上奔跑，揮汗如雨，但是半年後，她卻連走路都很困難，形同癱瘓。這是為什麼？經研究發現，因為她超負荷的跑量與錯誤的跑步姿勢導致她的髕骨關節軟骨被磨掉了一半。

所以並不是跑步太強太毀人，也不是身體太嬌氣太脆弱，而是錯誤的跑步方法讓身體受傷了。那到底哪些原因會導致我們在跑步中受傷呢？一起來看一下吧！

（一）跑步超標

做任何事都要有度，跑步也是如此。跑步本身會對膝蓋、腳踝造成一定的壓力，如果一跑就瘋了，停不下來，會讓膝蓋、腳踝更加「壓力山大」，造成一定的損傷。

（二）跑姿錯誤

錯誤的跑姿是最為嚴重的錯誤。很多跑者步伐太大且全腳掌著地，這種姿勢不但沒有造成緩衝和過渡的作用，還容易震傷頸椎，拉傷腹股溝，長此以往還可能引發脛骨骨膜炎。

部分跑步者跑步時是「內外八字形」的，這樣跑步不但會加重膝關節的負擔，造成損傷，還容易導致 X、O 型腿。

（三）強行跑步

明知不可為而為之，自尋死路！很多跑步者遇到氣候複雜、路況不好的時候，還是堅持跑步，以表達自己對跑步的熱愛，其實這無形中又讓身體「中槍」了，因為在條件惡劣的情況下奔跑（如頻繁的上下坡），會給膝蓋帶來巨大傷害，還有可能發生意外。

當然了，既然錯誤的方法會導致我們受傷，那麼就會有正確的方法可以預防受傷，仔細看一下吧！

（一）像選老公或老婆一樣選跑鞋

所謂的跑步高手基本上都是跑鞋達人，並不是因為他們對鞋子有特殊的興趣，而是他們深知一雙好的跑鞋可以讓他們跑得更安全、更放心、更有效。

（二）跑前準備

跑前熱身是很必要的，熱身能使身體各系統機能較迅速地進入興奮狀態，讓身體進入運動的狀態，減少受傷的機率。

當然也要檢查一下自己跑鞋的鞋帶有沒有繫好，細心點總是沒錯的。

（三）正確的跑姿

正確的跑步姿勢不但能提高跑步效率，還能減輕身體的負擔。想像自己是木偶被線拉著，挺直身體但不要施力；

稍微抬起下巴，直視前方，視線自然往前看；

肩膀放鬆，給手臂足夠的甩動空間；

上身略向前傾，但是腰部保持中立挺直；

雙臂前後揮動，但不要擺到身體前面，使身體扭動；

雙手放鬆，輕輕握拳；

盆骨保持中立，不要撅著；

膝蓋不用抬得太高；

控制步幅，避免過大，跑得快靠的是頻率。

（四）加強腿部柔韌性和力量的鍛鍊

預防膝蓋受傷的不二法門就是拉伸和加強膝蓋周圍的肌肉力量。良好的柔韌性和強壯的肌肉能給膝關節提供更多的支撐和保護，減少落地時對膝蓋的衝擊，從而避免受傷。

（五）理性跑步

理性跑步就是不要有意地增大對膝蓋的壓力。可以選擇一個好的天氣，盡量在橡膠跑道上、草坪上或平緩的道路上，根據自身的能力和狀況適當跑步，因為這些都能幫助我們減少膝蓋的壓力。

（六）重視小傷、小痛、小病

小洞不補，大洞難補！如果在跑步中遇到身體有什麼不適，或者感覺到哪裡有疼痛感，或者是受傷了，千萬別再跑了，先停下來檢查一下，找出原因，即使沒什麼大礙，也先好好休息下。如果嚴重甚至不知道病因在哪裡，就要及時到醫院進行專業的檢查和治療。

■ 五、每週跑幾次比較好

如果是為了鍛鍊身體，保持健康，那麼一般每週跑 2 ～ 3 次比較好，每次 30 ～ 60 分鐘是比較合適的。平時工作日可以安排跑 1 ～ 2 次，週末和家人、朋友再跑一次，一起運動是給親人和朋友最好的禮物。

你可以先花 5 ～ 10 分鐘做熱身運動，讓肌肉熱起來，使心臟做好運動的準備；然後再去做 30 分鐘健步走、慢跑、打球等運動；最後再用 5 ～ 10 分鐘壓腿、下腰，做各種拉伸放

鬆運動，讓心率慢慢地平復下來，減少肌肉的痠痛。

30 分鐘以上的跑步可以提高你的心肺功能，加強心臟容量，同時還能強健韌帶、肌腱和肌肉，讓你在其他運動中也更有耐力和力量。對於剛開始跑步的人來說，目標可以定得低一點兒，可以先定 20 分鐘，這個目標基本上不會讓你覺得很不舒服，也較容易堅持，並且也能夠給身體一個慢慢適應的過程。保持輕鬆和有節奏的呼吸，放鬆腳步，逐漸慢慢延長到 30 ～ 60 分鐘。

有些狂熱的跑步愛好者或者急於減肥的人會有每天都想跑步的衝動，我們建議最好一週也控制在 5 次以內。因為對一般人來說，超過這個範圍會讓身體的疲勞堆積，我們的絕大多數受傷並不是因為某一次「意外」而突然發生的，事實上每一次落地，肌肉、韌帶和關節都會承受來自地面的衝擊力，因此需要給身體一個休息、修復的時間，否則這些小傷害會慢慢累積下來，並在某一次的訓練或比賽中「突然」出現。

所以，循序漸進、量力而行是鍛鍊中必須遵循的一個原則，運動是一輩子的事情，不用太急於求成。

■ 六、夜跑需要注意些什麼？

在這個熱鬧的城市中，夜跑似乎已成為時尚，很多上班族喜歡晚上約上朋友一起夜跑，希望可以造成減肥瘦身的作用。然而，這項運動帶來的風險也同樣不可小覷。

（一）最佳時間在晚餐一小時後

晚上的時間相對有限，為了早點跑完回家休息，不少「夜跑族」選擇了飯後即跑。夜跑需要大量的血液來提高氧分，但飯後又是腸胃運動的高峰，假如我們飯後即跑，會導致血液過多地流向運動的肌肉和骨骼，導致腸胃的消化過程受阻，進而引起腸胃疾病。

那麼飯後多久夜跑比較合適呢？這個因人而異，但一般而言，應該晚飯一小時後再開跑。深夜最好不跑，早上跑最好也要等太陽昇起，還要注意避開大風大雨、大寒大暑。

（二）盡量不要猛跑

夜跑過度導致運動性橫紋肌溶解，進而引發腎衰竭的案例不在少數。特別是剛開始夜跑的年輕人，平時缺乏運動，如果為了「跟上隊伍」勉強地過度夜跑，身體會很可能會無法適應，引起橫紋肌溶解症候群。

肌肉分解產生的肌紅蛋白會在腎小管中形成結晶，阻塞腎小管，輕則導致腎臟過濾功能下降，重則引發腎衰竭。另外，運動性橫紋肌溶解還會導致人體血管、心臟和肝臟功能的損傷。

（三）不要在霧霾天夜跑

現在的空氣狀況不太理想，霧霾天氣時有發生。霧霾的主要成分是 PM2.5，它能進入人的血液中，引發心血管病、

呼吸道疾病以及肺癌。在跑步的過程中，呼吸會更深，更容易將包括 PM2.5 在內的各種有害物質吸入體內。所以建議大家下載一個能提醒空氣品質的 App，根據空氣狀況決定是否夜跑。

（四）中老年人要改跑為走

「夜跑族」中也有不少中老年人，他們是「夜跑族」中的一道風景。但是，中老年人的身體相對較弱，而夜跑又是比較耗體力的運動，所以建議中老年人改跑為走，這樣自己放心，家人也放心。

（五）調整好心態，循序漸進

很多「夜跑族」都在使用各種跑步軟體，本來使用軟體量化自己的運動，能更客觀地記錄和提升自己的跑步成績。但是，現在慢慢變成了「刷排行榜」，不斷刷公里數和步數。其實，夜跑還是要調整好心態，循序漸進。

（六）熱身運動必不可少

夜跑之前，應該做足 15 分鐘的熱身運動，最好進行充分的拉伸。鍛鍊結束後做好保暖，防止感冒。做好準備工作會讓你跑得更愉快。

（七）喝點鹼性飲料

夜跑的時候，可以適當地喝些鹼性飲料，例如碳酸水，這樣可以減少引起橫紋肌溶解的可能。另外，運動後要盡快排尿。

（八）少用手機不分心

夜跑時，玩手機、聽歌等不僅讓夜跑的效果打折，也容易導致危險情況發生。既然選擇了夜跑，就不妨全身心地投入，全心全意享受來自它的快樂。

此外，夜跑應該選擇安全的地段，防止出現意外。

■ 七、小腹會痛是怎麼回事

跑步之初，通常會有腹部疼痛的感覺，俗稱「岔氣」。大多數跑步者都碰到過這一狀況，不得不停下腳步改跑為走，直到疼痛消失。

岔氣的本質是身體從靜止狀態突然進入到運動狀態，肌肉變得緊張，需要大量氧氣，而肺臟不能如肌肉那樣迅速提高吸氣量，以滿足肌肉活動時所需要的氧氣，於是在交感神經的作用下膈肌（膈肌是主要的呼吸肌，位於胸腔和腹腔之間）驟然加大做功，導致收縮不協調，從而產生膈肌僵硬等現象，使腹部疼痛。另外呼吸不得法也是引起岔氣的原因之一。

岔氣除了疼痛外不會有更多的損害，而且隨著運動的繼續，身體得到「暖身」，肌肉痙攣的情況就會慢慢得以緩解，疼痛就會慢慢消失，岔氣也會漸漸好轉。

引起岔氣的常見原因如下：

△ 跑前沒有認真做熱身活動，身體一下子進入激烈的運動狀態中；

△ 跑步時呼吸沒有節奏、過淺，導致呼吸紊亂，人體得不到充分的氧氣，引起橫膈肌不協調；

△ 飯後或大量飲水後立即跑步，使胃腸系統受到過分的震動、牽拉，從而引起疼痛。

如何預防岔氣？在跑步前不要省略熱身運動，可做一些緩和的運動或小步跑等動作，適當提高心率，讓呼吸肌逐漸適應正在進入的運動狀態。

開始跑步時速度要慢，慢慢提高到正常的速度，不要一下子加速。如果岔氣了怎麼辦？岔氣是由於呼吸肌痙攣，所以解決辦法也很簡單，減速，調節呼吸節奏，緩慢深呼吸，同時用手按摩疼痛部位，減輕疼痛。另外可以做下面兩個動作：

1. 拉伸膈肌 20 ～ 30 秒。操作方式：雙手交叉，掌心向上舉過頭頂，一邊連續深呼吸，擴大胸腔，一邊踮起腳尖小跑，持續 20 ～ 30 秒。

2. 雙腳交叉後下腰，保持 30 秒，然後換腳交叉，再下腰保
持 30 秒。

■ 八、跑步前後可以吃東西嗎

餓著肚子跑步會使你耗盡精力。在你開始跑步前 1 個半
到 2 個小時，你最好吃點小吃或者正餐。

選擇一些高糖、低脂肪、低纖維、低蛋白質的食物。運
動前補充能量的食物包括：花生醬、麵包圈、香蕉和能量
棒，或者一碗冷麥片和一杯牛奶。遠離豐富的、高脂肪的或
者高纖維的食物，因為它們也許會讓你的腸胃不舒服。

許多人認為在跑步前後都不應該吃東西，我建議只要不
是太接近運動時間，適量地進食可以避免因跑步時消耗熱量
而造成的血糖降低。當進食時間過於接近運動時間時，因
為食物尚未完全消化轉化成能量，而且在跑步時身體上下震
動，留在胃裡的滯留物容易導致胃酸分泌失常。如果必須在
運動前吃東西，可以選擇能夠快速被吸收的食物，如流質食
物等，且最好在運動前一個半小時食用完畢。

有些人會在跑步前飲用能量包，其實能量包的熱量很
高，是給長時間運動的人食用的，一般的慢跑者只要平時適
當飲食即可。能量包無法讓你跑得更快、更久，只是補充熱
量，如果運動的時間與強度不夠，反而是多餘的。在長跑前

或長跑中間補充能量包的，多半是因為訓練不夠充分，身體尚未完全適應長跑的強度，訓練得宜的長跑選手在跑步的過程中，只要補充水分與電解質就可以了。

另外，運動造成體內水分流失過多，會導致體內電解質不平衡，因此適當地飲用運動飲料可以補充微量維生素與電解質，但這也是時間長、強度大的運動才需要的，如果運動時間低於一小時，不一定要喝運動飲料。

跑步後飲食對身體造成的負擔沒有跑步前大，跑步結束後 45 ～ 90 分鐘就可以吃東西。有人認為跑步後吃東西吸收能力佳，反而會吃更多，等於抵消了運動的效果，其實這是錯誤的觀念，如果跑完後有飢餓感卻不吃東西，刻意將進食時間延後一點，反而不知不覺吃下更多食物，更得不償失。另外，有些人跑完後身體處於興奮狀態，沒有食欲而不吃東西，這時身體容易缺乏能量，造成血糖低，抵抗力也降低，正確的做法是在稍作休息後進食。

■ 九、跑步需要喝水嗎

你之前肯定聽說過在感到口渴之前就要喝水，每天需要喝 8 杯水的說法，這些聽起來很對。但是這些觀點與事實並不相符。不幸的是，這些建議曾經導致很多運動員在訓練中飲水過度。這很危險，可能導致一系列嚴重的後果。

　　2015 年 2 月，17 位國際知名運動醫學家、運動生理學家
和專業教練圍繞液體失衡問題以及如何在訓練中避免這類狀
況舉辦了專業研討會。他們的研討結果已經在《中國運動醫
學雜誌》上發布，並且給出了最新的專家建議。

　　根據《跑者世界》專欄作家 Alex 報告中的觀點，在訓練
前、訓練中和訓練後過度飲水，會導致你血液中的鈉濃度降
低至正常水準以下。如果是這樣，你的腎臟會因為壓力而不
能排出多餘的水分。這時你的細胞就開始吸收水分，這樣會
引發身體水腫和運動低鈉血症。運動低鈉血症會從輕度（頭
暈、噁心）變得嚴重（頭痛、嘔吐、混亂、痙攣），甚至可
能威脅生命。

　　運動低鈉血症常見於軍事訓練、馬拉松、鐵人三項和極限
馬拉松專案中。它的病因是在持續的流汗和排尿時期喝了太多
液體（水或者運動飲料）。那些小體型、慢跑者和飲水量超過
排汗量的人得運動低鈉血症的風險很高。參加長距離競技專案
的人，比如極限馬拉松和鐵人三項選手，在炎熱和潮溼的環境
中也容易出現這種症狀。這是因為這些運動員長時間流汗，並
且很難在競爭中從充足的食物和飲料中獲得鈉元素。

　　專家組建議，在運動中傾聽自己身體的聲音是保證你安
全的關鍵。如果在運動中感覺不舒服（頭暈或噁心），你應
該立即停止運動去看醫生。當口渴的時候，再喝水。口渴時

喝水是避免脫水和過度飲水的一個好辦法。在你感覺口渴之前喝水的唯一情況是,你參加的運動專案會導致迅速大量出汗。在這種專案中,你最好做一個飲水計畫,在運動期間和完賽後補充電解質。

所有跑步者遵循下面的小貼士就能保證你合理、安全地飲水。

1. 當你感覺口渴時,拿起水杯小口吸吮幾下。
2. 假如你參加的是耐力性運動(超過 1 ~ 2 小時),可以在補給站交替補充水和運動飲料。
3. 在參加耐力性專案之前,可以多吃一些富含鈉元素的食物。
4. 在大汗淋漓之後(尤其是可以在衣服上看到白色的鹽粒),可以補充一些食用鹽。食用鹽中富含大量的鈉元素。

■ 十、跑步穿什麼鞋合適

隨著人們健康意識的提高,很多人開始選擇用跑步來鍛鍊身體,以釋放壓力,放鬆心情。不過在跑步過程中很多人都忽視了跑鞋的選擇,殊不知人在跑步時,鞋子的選擇大有文章。那麼,跑步穿什麼鞋好呢?下面就讓我們一探究竟吧!

當你準備開始跑步時，一件很重要的事就是了解自己的腳型，然後賞一雙符合自己腳型特點的跑步鞋。只有這樣你的鍛鍊才會順利地進行下去，同時避免受傷。跑步穿什麼鞋更舒服就選擇什麼鞋，一般跑步最好是選擇專用跑鞋。

1. 體重較重的人跑步穿什麼鞋合適呢？建議選擇控制動作類的跑鞋，它能提高跑步者對腳跟和跑步動作的控制，並能支持足弓部位。其外部特點是足弓部位加厚，鞋的重量中等偏重。

2. 跑步技術較好，用腳前掌或中部落地，用腳掌與外側支撐的人跑步穿什麼鞋合適呢？可以選擇減震加墊類，鞋的重量中等偏重，鞋底較厚。

3. 輕度至中度內翻腳型，用腳中部與外側支撐的人跑步穿什麼鞋合適呢？建議選擇穩定類的鞋，鞋的重量中等。

4. 跑步技術好，體重較輕或腳輕度內翻的人跑步穿什麼鞋合適呢？選擇比賽類的鞋，鞋的重量較輕。

5. 在土地、林間等自然地面上跑步穿什麼鞋合適呢？可選越野類的鞋，鞋底較厚，溝槽較深，鞋的重量較重。

6. 在跑步機上穿什麼鞋呢？我推薦慢跑鞋。後跟牢固，才能使腳踵穩定，不易傾斜。鞋跟寬大穩固，鞋底有柔軟的夾層，可以吸收衝擊的效果。

　　由此看來，跑步穿什麼鞋因人而異，想要買到一雙真正
合適的、稱心如意的跑步鞋，首先得從了解自己的腳型開始。

■ 十一、新手初級跑步計畫

　　新手 8 週跑步訓練計畫。

　　新手 8 週跑步訓練計畫的目標是讓你能以緩慢放鬆的步
速完成 30 分鐘（大約 3 公里的路程）的跑程。此訓練計畫開
始時以步行為主，逐漸變為以跑步為主，簡單且循序漸進。
如果你能夠持續跑 3 公里的路程而不用停下來，就可以進入
下一個訓練階段了。但你如果只想每週練習 3 ～ 4 天的話，
研究指出這樣已經足以幫助你減重或者保持體重，並且能夠
改善許多重要的身體機能，例如心血管、血壓等。如果你決
定進行強度更大的跑步訓練的話，就可以繼續使用專業跑步
教練工具設定更多的訓練計畫。開始的 3 公里是最困難的，
但如果你達到了這個目標，其他的一切就會變得很容易。你
只需要安排好自己的時間，耐心並且按部就班地做就能夠輕
鬆達到目標了。

　　在開始你的 8 週跑步訓練計畫之前要看看以下四個注意
事項：

1. 如果超過 40 歲或者超重約 10 公斤，一定要先諮詢醫生的意見才可以開始訓練計畫。但除非這會對身體構成生命危險，一般醫生都會鼓勵你實施這種「走-跑」結合的鍛鍊。

2. 計劃好你的時間。只有你安排出時間才會有鍛鍊的時間。將運動的計畫列入你的行程表中，而且還要寫在不同的地方，例如電腦、冰箱門上，來不斷提醒你。

3. 做好出現壞天氣的準備。我們總會遇上不好的天氣，但壞天氣很快就會過去，而且每一次訓練都會比上一次的要好，所以一定要堅持，堅持，再堅持！

4. 不要操之過急。欲速則不達，太急於求成可能會引起受傷和失落等。所以一定要耐心，循序漸進。你的目標是堅持跑 30 分鐘，而不是打破世界紀錄。

第一週：

週	星期一	星期二	星期三	星期四	星期五	星期六	星期日
一	慢跑和步行 慢跑 1 分鐘 行走 2 分鐘 重複 10 次	步行 輕鬆步行 30分鐘	慢跑和步行 慢跑 1 分鐘 行走 2 分鐘 重複 10 次	步行 輕鬆步行 30分鐘	慢跑和步行 慢跑 1 分鐘 行走 2 分鐘 重複 10 次	慢跑和步行 慢跑 1 分鐘 行走 2 分鐘 重複 10 次	休息

訓練提示：為了給訓練增加能量，你可以在出門前的兩小時吃一點水果或者巧克力，然後在出門前一小時喝適量（約 240 克）運動飲料，這樣既能保證你有充足的水分，也能補充鈉和鉀。

第二週：

週	星期一	星期二	星期三	星期四	星期五	星期六	星期日
二	慢跑和步行 慢跑 2 分鐘 行走 1 分鐘 重複 10 次	步行 輕鬆步行 30分鐘	慢跑和步行 慢跑 3 分鐘 行走 1 分鐘 重複 7 次 慢跑 2 分鐘	步行 輕鬆步行 30分鐘	慢跑和步行 慢跑 4 分鐘 行走 1 分鐘 重複 6 次	慢跑和步行 慢跑 4 分鐘 行走 1 分鐘 重複 6 次	休息

訓練提示：開始訓練前可先慢走 2 ～ 3 分鐘熱身，訓練結束後再慢走 2 ～ 3 分鐘放鬆。不要在跑步前舒展關節，而應該在訓練後或晚上看電視的時候進行。

第三週：

週	星期一	星期二	星期三	星期四	星期五	星期六	星期日
三	慢跑和步行 慢跑 5 分鐘 行走 1 分鐘 重複 5 次	步行 輕鬆步行 30分鐘	慢跑和步行 慢跑 5 分鐘 行走 1 分鐘 重複 5 次	步行 輕鬆步行 30分鐘	慢跑和步行 慢跑 6 分鐘 行走 1 分鐘 重複 4 次 慢跑 2 分鐘	慢跑和步行 慢跑 6 分鐘 行走 1 分鐘 重複 4 次 慢跑 2 分鐘	休息

訓練提示：跑步過程中雙臂一定要保持放鬆。跑步時手肘彎曲約 90 度，在腰間前後擺臂。手指彎曲成放鬆的拳頭，不要讓手在上身中部胡亂地搖擺。

第四週：

週	星期一	星期二	星期三	星期四	星期五	星期六	星期日
四	慢跑和步行 慢跑 8 分鐘 行走 1 分鐘 重複 3 次 慢跑 3 分鐘	步行 輕鬆步行 30分鐘	慢跑和步行 慢跑 9 分鐘 行走 1 分鐘 重複 3 次	步行 輕鬆步行 30分鐘	慢跑和步行 慢跑 10 分鐘 行走 1 分鐘 重複 2 次 慢跑 8 分鐘	慢跑和步行 慢跑11分鐘 行走 1 分鐘 重複 2 次 慢跑 6 分鐘	休息

訓練提示：如果天氣炎熱，一定要塗防曬乳，戴上太陽眼鏡和鴨嘴帽，防止陽光直射臉部。如果天氣特別炎熱潮溼，一定要注意多行走休息。盡可能在清早或者傍晚的時候跑步。

第五週：

週	星期一	星期二	星期三	星期四	星期五	星期六	星期日
五	慢跑和步行 慢跑 12 分鐘 行走 1 分鐘 重複 2 次 慢跑 4 分鐘	步行 輕鬆步行 30分鐘	慢跑和步行 慢跑 13 分鐘 行走 1 分鐘 重複 2 次 慢跑 2 分鐘	步行 輕鬆步行 30分鐘	慢跑和步行 慢跑 14 分鐘 行走 1 分鐘 重複 2 次	慢跑和步行 慢跑 14 分鐘 行走 1 分鐘 慢跑 14 分鐘	休息

訓練提示：有時你可以跳過行走和跑步的訓練，做一些交替運動，如騎 30 ～ 40 分鐘單車等。跑步訓練期間的間歇能讓你更快地恢復精力，同時還能夠鍛鍊到新的肌肉群。

第六週：

週	星期一	星期二	星期三	星期四	星期五	星期六	星期日
六	慢跑和步行 慢跑 16 分鐘 行走 1 分鐘 慢跑 13 分鐘	步行 輕鬆步行 30分鐘	慢跑和步行 慢跑 17 分鐘 行走 1 分鐘 慢跑 12 分鐘	步行 輕鬆步行 30分鐘	慢跑和步行 慢跑 18 分鐘 行走 1 分鐘 慢跑 11 分鐘	慢跑和步行 慢跑 19 分鐘 行走 1 分鐘 慢跑 10 分鐘	休息

訓練提示：跑步是鍛鍊骨骼的好方法，所以你有必要補充充足的鈣質 —— 每天 1,000 毫克，如果你已 50 歲以上，則每天需要 1,500 毫克。低脂牛奶、低脂酸奶和深綠色葉片蔬菜都是鈣質的重要來源。

第七週：

週	星期一	星期二	星期三	星期四	星期五	星期六	星期日
七	慢跑和步行 慢跑 20 分鐘 行走 1 分鐘 慢跑 9 分鐘	慢跑和步行 慢跑 20 分鐘 行走 1 分鐘 慢跑 9 分鐘	慢跑和步行 慢跑 22 分鐘 行走 1 分鐘 慢跑 7 分鐘	步行 輕鬆步行 30分鐘	慢跑和步行 慢跑 24 分鐘 行走 1 分鐘 慢跑 5 分鐘	慢跑和步行 慢跑 26 分鐘 行走 1 分鐘 慢跑 3 分鐘	休息

訓練提示：新手跑步者通常會覺得脛骨、肋骨或者膝蓋痠痛，如果你在訓練後能夠及時冰敷，這些痛感很快就會消失，你還可以把豆子裝進袋子冷藏後敷在膝蓋上 15 分鐘。如果疼痛還持續，就需要停止幾天的訓練。

第八週：

週	星期一	星期二	星期三	星期四	星期五	星期六	星期日
八	慢跑和步行 慢跑 27 分鐘 行走 1 分鐘 慢跑 2 分鐘	慢跑和步行 慢跑 20 分鐘 行走 1 分鐘 慢跑 9 分鐘	慢跑和步行 慢跑 28 分鐘 行走 1 分鐘 慢跑 1 分鐘	步行 輕鬆步行 30分鐘	慢跑和步行 慢跑 29 分鐘 行走 1 分鐘	慢跑和步行 慢跑 30 分鐘	休息

訓練提示：要想呼吸新鮮的空氣讓肺部健康，盡量不要到繁忙的街道或者在交通高峰時跑步。找一個車輛比較少的地方，這樣廢氣就可以很快驅散。最好是能夠找一些綠化帶或公園等。身為一個新手跑步者你很快就能夠成功了，但鍛鍊是永遠沒有止境的，讓我們為生活而奔跑吧！

電子書購買

爽讀 APP

國家圖書館出版品預行編目資料

跑步時需要強壯的身體，更需要強大的心理！
意志鍛鍊 × 呼吸調整 × 運動精神 × 身心平
衡……每一步，都是內在的自我覺醒！ / 林路 著.
-- 第一版 . -- 臺北市：崧燁文化事業有限公司，
2024.03
面；　公分
POD 版
ISBN 978-626-394-047-5(平裝)
1.CST: 賽跑 2.CST: 運動訓練 3.CST: 運動心理
528.946　113001714

跑步時需要強壯的身體，更需要強大的心理！意志鍛鍊 × 呼吸調整 × 運動精神 × 身心平衡……每一步，都是內在的自我覺醒！

臉書

作　　者：林路
發 行 人：黃振庭
出 版 者：崧燁文化事業有限公司
發 行 者：崧燁文化事業有限公司
E - m a i l：sonbookservice@gmail.com
粉 絲 頁：https://www.facebook.com/sonbookss/
網　　址：https://sonbook.net/
地　　址：台北市中正區重慶南路一段六十一號八樓 815 室
Rm. 815, 8F., No.61, Sec. 1, Chongqing S. Rd., Zhongzheng Dist., Taipei City 100, Taiwan
電　　話：(02) 2370-3310　　傳　　真：(02) 2388-1990
印　　刷：京峯數位服務有限公司
律師顧問：廣華律師事務所 張珮琦律師

定　　價：299 元
發行日期：2024 年 03 月第一版
◎本書以 POD 印製
Design Assets from Freepik.com